童喜喜教育文集

新父母孕育新世界

童喜喜◎著

电子工业出版社
Publishing House of Electronics Industry
北京·BEIJING

图书在版编目（CIP）数据

新父母孕育新世界 / 童喜喜著 . —北京：电子工业出版社，2020.9
（童喜喜教育文集）
ISBN 978-7-121-39364-8

Ⅰ.①新…　Ⅱ.①童…　Ⅲ.①儿童教育—家庭教育　Ⅳ.①G782

中国版本图书馆CIP数据核字（2020）第143877号

责任编辑：潘　炜
文字编辑：杜　皎
印　　刷：涿州市般润文化传播有限公司
装　　订：涿州市般润文化传播有限公司
出版发行：电子工业出版社
　　　　　北京市海淀区万寿路173信箱　邮编：100036
开　　本：720×1000　1/16　印张：13.75　字数：235千字
版　　次：2020年9月第1版
印　　次：2024年1月第3次印刷
定　　价：49.00元

凡所购买电子工业出版社图书有缺损问题，请向购买书店调换。若书店售缺，请与本社发行部联系，联系及邮购电话：（010）88254888，88258888。

质量投诉请发邮件至zlts@phei.com.cn，盗版侵权举报请发邮件至dbqq@phei.com.cn。

本书咨询联系方式：（010）88254210。influence@phei.com.cn，微信号：yingxianglibook。

美国马萨诸塞大学波士顿分校终身教授、

中国教育三十人论坛成员　严文蕃

从一线酿造的教育蜜糖

我非常高兴地得知本书即将出版，仔细读完书稿，很是惊喜。

童喜喜作为专业的儿童文学作家，她的教育研究生涯比较特殊。从 1999 年资助一位失学儿童开始，到 2009 年为"新教育实验"担任义工之后，她一直以不同的方式，和一线老师并肩奋斗。可以说本书记录的中国教育经验和中国教育故事，具有世界意义。

我非常佩服童喜喜，她的悟性之高、写作速度之快，她对新事物的发现、掌握和表达，不是常人能够做到的。

我读过童喜喜的很多儿童文学作品。她的第一部童书《嘭嘭嘭》获奖无数，畅销至今，十万字的作品竟然只用六天就写了出来。她的"新孩子"系列童书，作为开启非虚构儿童教育文学的杰作，对儿童成长具有划时代的意义。

我了解童喜喜对新教育研究和推广的贡献。她是新教育的参与者、反思者、引领者。新教育发起人朱永新教授指出，童喜喜的哲学功底、教育悟性、人文素养和文字能力，再加上过人的勤奋，让她脱颖而出。

我也知道童喜喜对中国阅读推广做出的贡献，知道她只身一人在一年里深入中国大陆 100 所乡村学校，免费举行 196 场讲座的壮举。

还记得 2017 年 10 月的一天，童喜喜向我介绍说写课程的研究，提出"读写之间说为桥"，以"说"打通读和写，把写作的复杂过程跟思维的运转过程联系起来。我当时特别兴奋，告诉她这个主意非常好。怎样从"说"的角度深入研究写作教育，这确实是一个非常好的创意。

童喜喜不仅做了，而且从学校教学、家庭教育等不同层面开展，就在这套作品中把不同人群的说写技巧提炼了出来："创造奇迹的说写革命"是针对学生的说写训练，"教师喜阅说写技巧"是针对教师的说写技能提升，"家庭说写八讲"是针对父母的操作指导。她把这套思维训练的说写课程从学校扩展到家庭，与家庭教育结合起来。这个成果真是太棒了！

这套作品涉及主题非常广泛，形式也非常丰富，既有诗歌，又有散文，既有演讲，又有更多的教育叙事、论文和操作性、指导性很强的手册等。书中主要关注的三点，既是中国教育的重要问题，是中国教育改革重视的三个方面，也是世界各国当下教育面临的难题，是全球教育改革最需要做的三件事。

第一是教师的专业发展。教育改革的主力军是教师。要使教师能够成长，最核心的是教师的专业发展，要不断为其提供动力，使其提升能力。童喜喜思考和写作的这一点，也是世界各国重视学习中国的一个热点。特别是在国际学生评估项目（PISA）评比中，中国取得优秀成绩之后，很多国家把这样的好成绩归功于中国教师的能力和中国教师在专业发展上的贡献。童喜喜连续十年捐赠稿费，为一线教师开展公益项目，帮助数千位一线教师成长，经验值得借鉴。

第二是新世纪的家庭教育。中国历来重视家庭教育，父母对孩子有着很高的期望，在家庭的亲子关系、教育投入上有着优良传统。这些对世界各国的教育都很有启发意义。进入信息时代，家庭教育有哪些重要变化？有哪些新的方法？童喜喜对这方面的解读，也是一个重要的贡献。可以看出童喜喜进行的努力，把中国传统的家庭教育提升到了一个新高度。

第三是学生学习成长。学生的学习，很大程度上是学科阅读的问题，学生的发展在很大程度上是写作的问题。阅读和写作，是世界各国都面临的最重要、最困难的问题。童喜喜不仅把阅读和写作视为研究的重心，而且有很深的理解和很好的建议。其中"童喜喜说写课程"对写作和阅读的探索，即便在美国，同类研究也没有多少文献记载，没有多少经验分享，在世界范围来看，也具有很强的引领性、创新性和指导意义。

这些年来，我听许多老师讲过，特别喜欢读童喜喜的书，喜欢听童喜喜演讲。我也有同感。本书再一次给了我这种感受，主要有以下四个特点。

第一，内容具有很广的适用性。

内容能够满足读者的需求，大家爱读、大家想读、大家要读，这是对一本好书最基本的要求。作为一套书，当然更应该如此。

我在中国读完大学，又在美国教了三十多年的大学，无论中国还是美国，有一件事我深有感触。一直以来，特别是进入信息时代之后，书很多，文章更多，但并不是所有的书或文章都能吸引人们去读。国外真正有价值的教育著作也不多，从概念到概念的所谓文章和图书，只是抄来抄去，增加文字垃圾，不会有什么影响，更不会有什么积极作用。

尤其是当今的教育领域，在世界范围，都存在理论和实践脱节的巨大鸿沟。许多大学教授的教育理论，看上去挺好，但高高在上，难以深入实际，读者本就不多，更难落实到一线教育中。一线老师往往认为这些教学理论艰深难懂，无法应用，教师的专业发展因此受到限制，新的研究成果很难进入一线教学工作中。近些年，有观点提倡一线老师从事研究与写作，但一线老师受到客观条件限制，存在很多困难，出版教育专著的不多，一线实践者的写作水平通常也不太高。因此，实践工作者够不上理论工作者的理论高度，理论工作者难以切入实践工作者的工作实践。在教育中本应密切配合的双方很难沟通，这是全世界普遍存在的现象。

只有好的教育作品，才能填补专家与一线实践者的巨大鸿沟。童喜喜正是做出了这样的努力，她的作品确实填补了这个鸿沟。

童喜喜作为深入一线的专业教育研究者，特别懂得一线教师需要什么，能够迅速把高深的教育理念深入浅出地表达出来，能够把自己专业研究的知识贡献出来，把理论转换为专业技能性的指导，转化为教育方法，真正满足读者的需求。对于能够真正提高实战技能、专业素养的作品，广大一线教师是有很大需求的，本文集就充分满足了这些需求。

第二，叙事具有很深的启发性。

一本好书，应该具有启发性，能让读者有感想、有思考、有共鸣，甚至觉得感同身受。这不是每个作者都能做到的，尤其是教育作品，能够让读者感同身受的不多。但我相信，童喜喜的这套教育文集能够取得这样的效果。

纵观童喜喜的这套教育文集，其使用的创作手法就是叙事。童喜喜用自己非常拿手的讲故事手法、深度描述手法等，来进行教育的叙事研究。可以说，本作品是进行叙事研究的教育成果。

叙事研究是目前世界上正在大力提倡的教育研究方法。它把事件放在一个大背景下，观察事件、表达事件、反思事件、揭示事件，在所叙述的原有体验或原先研究的基础上，深入阐释，揭示事件背后的深刻意义，进一步总结归纳出理论或操作方法。

比如童喜喜的《智慧行动创造教育幸福》一书，就把新教育的"十大行动"，通过叙事手法，研究、分析、解释得非常到位，把十大行动真正落到实处，进行了条理化、系统化、操作化的梳理与总结，做得非常深、非常细，也非常务实，给出了非常方便的抓手。我当时就说，这是新教育实验十大行动的2.0版本，是十大行动指南。这也是这本书取得非常好的销售成绩并且获奖的原因。

童喜喜的这些著作，对叙事的手段运用得非常好。这些书里的叙事，几乎都可以作为我们教师专业发展中学习叙事研究的一个范本。因此，从这套书中，读者可以学到很多。

童喜喜所做的教育叙事研究是非常难能可贵的。她做的很多工作填补了许多教育研究的空白，也弥补了许多教育著作从概念到概念、从理论到理论，从而少有人问津的缺憾。她把高高在上的理论与一线教育的实际联系起来，让叙事研究深入浅出，把教育文章写得喜闻乐见，让教学方法变得清晰简洁，让一线教育工作者喜欢阅读、乐于实践，这就是这套文集对教育的杰出贡献。

第三，理论具有很强的深刻性。

有深度的作品才能耐人回味，激发人们深度思考，而深度思考当然离不开理论。

来自国外的理论概念，一般来说只有经过本土化改造，具有中国的文化背景，结合中国的教育实践，才能真正对现实有所激发，才真正具有深刻性。我们可以从童喜喜的文章里看到，对于一些理论，她并不是进行大段深奥的论述，而是用很通俗的语言来表达。

比如，童喜喜提出"同心圈"理论。

她在家庭教育中，运用了这个概念，来描述儿童与世界的关系：同心圈的中心是儿童。在儿童中心的周围，是家庭，是教育，是工作，是文化……这些外部的环境，一圈一圈地扩展出去。

她在新教育十大行动中，也用到这一概念。这时，是以行动为中心，到教室，到学校，到区域……这些行动的范围，也是一圈一圈地扩大。

童喜喜告诉我，图示应该直观反映思想理念，比如马斯洛的需求层次理论以同心圈表达比阶梯式表达更好，我认为很有道理。童喜喜的同心圈理论，用文学化的语言描述理论，实际上是用同心圈的概念来讲人与世界的关系。

换一种纯粹理论的语言来说，同心圈所说的就是生态学理论；从心理学的角度，就是心理生态学，也就是环境影响在孩子成长发育过程中所起的作用；从教育学的角度，就是教育生态学。如今国际上教育学者普遍认为，教育要做好，必须从家庭到学校，一层一层地往外扩展，这样才能把教育做好。

又比如，我在《新父母孕育新世界》一书中，看到童喜喜提出了一个很好的概念——"元家庭"。

元家庭这个概念的核心，是讲如何通过叙事手段进行记录，把家风、家教、家训、家庭精神在代际之间进行延续和发扬。如果用纯粹的理论语言来描述，我们能看到实际上就是社会资本与文化资本的理论。社会资本与文化资本的理论，正是研究这些社会关系，特别是家庭关系，怎么通过文化传承，来做到代际传承。

本作品提出的理论有着深刻的理论背景。作者提出的概念十分深刻，又是深深扎根在中国的基础上提炼而成的，因此，这些土生土长的概念能够促使人们深思，鼓舞人们行动。

第四，语言具有很大的感染性。

好的语言是跨越理论与实践鸿沟的桥梁。特别是从交流的角度来说，一定要有好的语言，才能更好地描述和解读，使人们能够准确理解作者的思考。

童喜喜有一种一般人没有的能力，那就是把很复杂的事情，用很精练、很到位、很传神的语言传递给教师、传递给父母、传递给孩子，能把深奥的道理说得通俗易懂。这不是一般教育人能做到的，也不是一般的作家擅长的。

童喜喜既有教育的思想与方法，又有作家的文笔。作家在语言上的功力成为她的优势，无论书的整体结构、文章的起承转合、标题的凝练传神，还是文字的张弛有度……都非常吸引人。

好的作品一定具有这些特征，而这些特征在童喜喜的书里得到了清晰的体现。因此，我可以非常自信地说，这套书的出版一定会非常成功。

童喜喜就像一只小蜜蜂，采撷着教育一线的花粉，这套文集是从一线酿造出的教育蜜糖，也是为教育一线酿造的蜜糖。相信在未来，童喜喜会酿造更多蜜糖，给更多人带去更多惊喜，带去新教育的幸福，带去好教育的甜蜜。

中国青少年研究中心家庭教育首席专家、研究员　孙云晓

点燃生命的火把

　　当童喜喜把她的最新著作《新父母孕育新世界》呈现在我眼前的时候，的确让我非常惊喜，仅书名我就很喜欢。阅读全书后，我认为这是新家庭教育领域一部分量很重的论著，是作者用诗人的激情与教育专家的理性来探索新家庭教育的富有新意的佳作。

　　认识童喜喜好几年了，她是一位给我留下了非常深刻印象的女性。我读过她的书，听过她的演讲，在工作中跟她也有很多接触。初次见她，我对她的第一印象是柔弱。在听了她的演讲之后，尤其是看见她启动"新孩子"乡村阅读公益行，只身一人奔赴100所乡村学校为农村父母们免费演讲的照片时，我有一种惊叹的感觉：这么一个弱小的身躯，怎么能爆发出火山一样的激情和能量呢？她就像一个生命的火把、一个行动的惊叹号、一道连接成人和儿童的彩虹，让我为之惊喜和感动。

　　"童喜喜"这个名字代表着一种充满激情、充满诗意、充满快乐、充满创造的生活方式。她非常重视友谊，富有爱心。她就像孩子最喜欢的一个童话人物，一个无奇不有、无所不能、激情四射的人物。或许正因为这些特点，她不仅是一个优秀的儿童文学作家，写出了诸如《影之翼》那样中国第一部以儿童视角反思"南京大屠杀"的儿童文学作品，也成了一个在实践中孜孜不倦探索的儿童教育专家。

　　我非常理解童喜喜，因为我们有一些共同之处：我们都是儿童文学作家，也都热

爱儿童教育和家庭教育。我发现，把儿童文学和家庭教育结合起来的时候，它就能产生一种特别的魅力。因为，儿童最喜欢文学艺术，儿童文学是在以艺术的方式发现儿童。父母最希望孩子幸福成长，他们会发现儿童文学的魅力就像灵丹妙药一样。

所以，有儿童文学创作的经验，再从事家庭教育工作，可以更容易走进广大儿童和父母的心里，为父母和孩子架起一座彩虹桥。在这个方面，我和童喜喜有着非常大的共鸣，因为同是儿童文学作家，容易有相同或相似的儿童观，会对儿童特别理解，会知道很多儿童的秘密、儿童的梦想、儿童的烦恼、儿童的需要。这些思考反映到本书这类教育作品中，会给父母带来特别的营养。

一直以来，我都认为，孩子的成长、中国的希望，需要新的家庭教育。

这几年，我一直在思考：中国的家庭教育需要有一个大的改变，但这个改变到底应该在什么地方？我们现在的家庭教育看上去非常忙，好像有干不完的事情。家庭成了第二课堂，父母成了老师的助教，一切都围着学校转。我常常在追问：这是好的家庭教育吗？这是真正有益于孩子成长的家庭教育吗？我对此深表质疑。我认为家庭配合学校、支持学校的工作是正常的，但如果只是围着学校转，就陷入误区了。家校合作的方向绝不是把家庭变成学校，而是让家庭更像家庭，让家庭更具有魅力。所以，我们一直在呼唤新家庭教育，我也相继写了《新父母宣言》和《新家庭教育的十大愿景》等系列文章。今年4月，我们还在湖南长沙举办了"首届新家庭教育文化节"，在这一领域不断进行探索。

我认为，就当下而言，我们需要倡导的新家庭教育观，其中至少包括五个方面：一是新的家庭观，需要捍卫家庭；二是新的儿童观，需要尊重儿童的权利；三是新的教育观，需要生活教育；四是新的代际关系观，需要与孩子一起成长，甚至应该向孩子学习；五是新的文化观，需要将中外优秀文化融会贯通，提高文化自信。新家庭教育发展的主要目标则是努力实现倡导科学、呼唤真爱、捍卫家庭、崇尚尊重、共同成长、平衡和谐、积极阳光、亲近自然、家校互助、文化自信十大愿景。

当然，新家庭教育并非只有今天才有的教育理念，它还包括古今中外教育探索中万古长青的部分。

比如，卢梭的《爱弥儿》里面的很多思想体现了一种新的家庭教育观念。他提出的发现儿童、捍卫儿童、尊重儿童等，都是新家庭教育思想。比如，他提出儿童教育就是要浪费时间的观点，相信这会让今天的父母感到"可怕"；今天的父母最怕的就是孩子浪费时间，耽误成长，输在起跑线上。而卢梭认为，让儿童拥有闲暇，不是真正要让儿童浪费时间，而是为孩子成长提供一个宽松、自由、富有张力的空间。因为成长需要有闲暇，需要犯错，自由探索。

陶行知也讲过类似的观点，他说"春天不是读书天"，希望儿童"掀开门帘，投奔自然"。他觉得户外活动是不亚于在室内读书的学习。这些新的教育思想，反映了教育的本质和规律，到今天都不过时，也是新家庭教育的思想。所以，我们今天倡导的新家庭教育，需要我们从古今中外许多教育大师的思想中重新发现，更需要我们在实践中勇于探索。

显然，新家庭教育不能只是在书斋里，不能只是在专家学者的研究中，更应该在生活和实践中不断发展。

今天，最有可能对新家庭教育做出贡献的是广大的年轻父母。许多父母在实践中的探索，都是在创造实实在在的新家庭教育。他们非常爱自己的孩子，非常富有责任感，是有梦想的一代父母。我熟悉很多这样的父母，他们已经做出了惊人的创造，具有一种全新的品质。同时，也有很多教育研究者走出书斋，走进了实践中。其中，新教育实验正是这样一种教育创新。新家庭教育的探索，也正是新教育应有之义，是其逻辑性的展开。

童喜喜的可贵之处在于，她一直扎根在生活深处，把生命投入对理想教育的探索，致力于教育创新研究。她捐赠稿费启动了"萤火虫亲子共读"项目，在全国发起成立"萤火虫家校工作站"，依托这些遍及全国的"萤火虫"，服务广大父母，服务一线教育，致力于教育创新，不断对新家庭教育做更深入的探索。童喜喜创办和领导的新父母研究所正在做这样的推动、倡导工作。《新父母孕育新世界》这本书就是一个范例，就是一个最好的说明。

这本书是一部扎根大地的作品，有着深厚的理论基础。这本书从新家庭叙事探索开始，谈到"元家庭"的灯塔效应，谈到家族的重构，也谈到新家庭教育的一些关键词，以及对生命教育、艺术教育、道德教育、亲子共读、家校共育等方面的思考。这些探索最与众不同的是它既有理性的思考，又有对实践经验的总结和反思。书中有一章叫作"重筑新时代的精神家园"，提出了新家庭观、新生命观、新生活观、新育人观、新儿童观、新亲子观、新文化观、新科学观、新发展观这九大观点。实际上，这正是本书的核心，是全书的纲领，是值得特别关注的。这些观点我也非常赞成。在新的时代背景下，我们确实需要新的视角来看待我们的教育。童喜喜的这本书，为广大家庭教育研究者拓展出了新的思路。

这本书读起来跟一般的著作不一样，它像诗歌，也像宣言；它像哲思，也像呐喊。这部作品就是童喜喜的诗人气质，加上教育专家的理性和她的公益精神的混合物，是一种很有力量也很有价值的合金。这也是这本书的独特价值。

1993年，我写了一篇《夏令营中的较量》，引发了中国教育的大讨论，至今讨论也没有结束。我记得1994年《人民日报》为此发表一篇新闻评论，标题就是《为孩子改造成年人的世界》。这说明我们早就认识到了孩子的很多问题跟家庭教育、跟父母有直接的关系，可惜的是，到现在我们这个"改造"任务依然没有完成。

之所以重提旧事，是因为我很喜欢童喜喜的《新父母孕育新世界》，它对如何为孩子改造成年人的世界，给予了一个更积极的答案、更积极的呼唤。在《新父母孕育新世界》中，为新父母的作用、新父母的价值赋予了一种全新的定义：新父母孕育的不仅是一代新人，还是整个世界。因为只有孩子具有新的素质和不断创新的能力，这世界才会具有新的模样、新的境界。

总之，《新父母孕育新世界》是一本难得的好书，是一本志存高远，眼界开阔，对世界、对未来负责任的书，是一种对生命的思索和感悟。童喜喜让我惊奇，让我惊叹，让我深感生命的潜能是如此巨大，生活是如此美好。我非常感谢童喜喜给我带来的这些惊喜。跟她在一起，我重新感悟到生命的价值，感悟到一个人的无限潜能。

为了美好的明天，的确需要帮助孩子健康成长，需要改造成年人的世界，需要提升父母的教育素质。新父母肩负着孕育新世界的崇高责任，因为他们正在通过培养新一代的孩子，去影响这个世界，塑造这个世界。这是人类的伟大梦想，也是所有父母肩负的使命。我愿意推荐《新父母孕育新世界》，这本书值得广大父母、老师阅读和思考，也会给我们的家庭教育研究者带来启发。相信这本书能够点燃读者生命的火把，使他们积极行动起来；希望这本书能够进一步带动我们对中国新家庭教育的研究，推动在新家庭教育实践中的探索和创造。

目录

一

赐时光以光

新家庭叙事

人，是故事的产物，通过对榜样的追随，人类的美好得以一代代传承。

人，又创造着故事，通过一言一行，人类在时光中书写出丰富多彩的传奇。

哲学家麦金泰尔更是干脆宣称："人在本质上是一种讲故事的动物。"

叙事是什么？

简而言之，当然就是描述故事。不同主题的叙事，是以不同中心汇聚素材，进行选择与叙述。叙事，是由事实和符号组成故事。故事诞生的过程，就像新闻的诞生一样。现当代哲学和新闻叙事学认为，新闻固然描述的是客观事实，但同时是以话语叙事而被建构的。叙事也同样如此：不仅是符号在描述事实中产生故事，同时也是符号在描述故事中建构事实。

正因为叙事具有重新建构的特性，当工业革命的进程越来越泯灭个体的差异时，当生活与思考越来越碎片化而将意义解构乃至消解时，叙事因为必须关注叙述对象过去、现在和未来的长度，必须把握叙述对象在此时此刻与其他相关对象联系的广度，而成为一种将对象视为整体的思考方式，也就越来越成为一个重要概念，成为一种学术思潮，这就诞生了叙事学。

从某种意义而言，叙事的兴起，是人本主义与科学主义交锋的胜利。

现代西方最重要的哲学家之一、德国著名哲学家恩斯特·卡西尔，就在《人论》中提出，动物只有对信号进行条件反射的能力，人却有把信号转化为符号，从而有意识地创造、使用、传播信号的能力。人也由此运用符号而创造精神世界并筑造物质世界。运用符号进行叙事，自然也就成为人类从人这个原点出发，整合物质世界与精神世界的工具。

从教育的角度来看，故事将知识置于背景之中，把被割裂的知识融合为一个整体，从而起到了润物无声的良好作用。

从家庭的角度来看，故事本身是复活家庭成员。那些在家庭现场中离开的人，无论空间上的暂别，还是时间上的永别，都可以通过故事的复述，重归家庭。

尤其在信息过于繁杂的碎片化现状下，故事显现出特有而重要的教育价值。生命叙事则作为一种个性化的表述，让知识具有生命的温度，让生活在完整叙述中被反思和重构，让生命成为接近永恒的存在。

教师通过叙事，可以消除这一职业成为传授知识的媒介而导致个人被工具化形成的疏离与冷漠，重新建构教育的价值感与意义感。

父母通过叙事，可以反思家庭对人的滋养与伤害，重现人生被日常烦琐生活不断切割乃至消解的意义，在精神层面上重新建构家庭。

归根结底，叙事是一种完全个性的讲述方式，生命叙事则是一种人本主义的教育方法。

正是在这样的基础上，我们在生活之中，可以提炼出"榜样＋底线"的引领方式。就个体而言，这种方式意味着自我管理和从易到难的不断挑战；就团队而言，意味着以人为本的管理模式，重视所有个体的不同起点，以底线确保基础，挖掘所有个体的潜力，并以最高标准激发出来。这也就意味着，在父母和孩子构成的家庭中，尽管每个人的起点不同、特点各异，但仍然可以在同样的标准体系下，实现自我管理和相互督促。

所以，信息时代的学校，应该特别重视教育叙事的写作，不仅从课程叙事、案例叙事、年度生命叙事等不同层面进行倡导，也要对教育叙事及写作本身不断进行审视。信息时代的家庭，更应该特别强调家庭叙事，以文字、图片、影像等多种形式，进行更为丰富立体的叙事。

叙事是一种选编。

一年过去,365天就像365根丝线，在叙事时你不可能把所有的丝线全部进行编织。而你选择哪几根、哪几种颜色的丝线，就已经决定了编织出的花纹的色彩。因此，正如描述半杯水时，会有"半杯是空的"和"半杯是满的"的不同，积极的叙事本身就是选择看待事物的角度，是对自己心灵的暗示。正确的叙事由此成为一种自愈的方法，是对不幸的抚慰，对创痛的疗愈。

叙事是一种叩问。

家庭生活同样如此。遭遇是一种教育，但不是所有遭遇都能真的成为教育。所有外在的一切，只有经过与自己互动，才能产生教育的功用。我们只有对一些人与事深入思考，进而叩问自己，才可能将其内化为自身的素养。

叙事是一种梳理。

对一段时光进行总结，比如，你读了多少本书？写了多少篇文章？在相对简短的篇幅内，记录有广度的生活。所有对过去的描述，都隐含着对未来的期许，于是过去和未来凝聚在写作叙事的当下，让人对当下产生特别真切而深刻的意义感。

叙事是一种统一。

科学日益精细化发展，造成不同专业领域的专业术语越来越多，从内容到表述，彼此都难以理解。这种知识导致的隔阂，随着时间的推移日益加剧，逐渐成为生活中难以跨越的鸿沟。活生生的人，被不同的知识阻隔。许多问题我们不仅不知其所以然，甚至不能完整知其然。此外，叠加后现代进程对确定意义的含混与解构，叠加信息时代传播方式导致的迅速与零散，一个人想要了解真相，遭遇的挑战越来越多。所以，面对无数碎片化的信息，我们只有在一个阶段内把无数信息汇总，在背景下重新整编为统一的事物，才能得出相对准确的结论。

叙事是一种反思。

未经反思的生活不值一过。我们应该从事件的角度，反过来思考：从结果倒推前提，看看在过程中是否有错漏，是否能够找到更好的路径，抵达更高远的目标。这是对事件的复盘。

我们也应该从人的角度，反过来思考：屁股决定脑袋，存在决定意识，这是必然的，尤其在有情绪时更是如此。时过境迁之后，自己和他人已经有了客观存在的事实，把自身从事件中抽离，把自己换到他人的角度再次审视与思考，看看自己是否能够以"一切问题都是自己有问题"的逆向思维方式，将个人的能力、生命的意义发挥到极限，从而将人生的价值拓展到极致。"一切问题都是自己有问题"的思考模式，必须建立在对人性笃定的信任之上。其关键在于两个极端的融合——极致地强调自身的努力而不求外界肯定，绝对相信外界整体上的公允而忽略眼下局部的不公。以这种思维方式行动，是最艰难的，也是成长最快的。

叙事是一种融合。

我们稍加留意就可以发现，几乎所有对立的双方，都是同一事物的两面，如教师与学生，主观与客观，整体与局部，工作与生活，以及上班与下班。没有其中一方，另一方必然就丧失了存在的价值和意义。但在日常生活中，尤其是在受到情绪影响的情况下，我们通常会将双方对立。在叙事的过程中，情境再现是对当时的情绪很好的发泄，对立的双方会部分显露出真实的面目，从而让人不知不觉地将两者融合，学会更为全面地思考问题。

归根结底，叙事是一种编织。

我认为，千百年来，人们对生命只有一个单一的评判维度：将人二元对立，划分为英雄与民众、主角与配角、治人与治于人、引领与被引领，习惯以结果倒推过程。这一维度既督促人们追求崇高，也导致对生命意义的认定出现成王败寇的功利化倾向。叙事则为我们增加了一个全新的维度：从每个生命出发，对每个生命的当下进行审视。在这一维度上，每个叙事个体都会成为主角，都能建构自己的英雄故事。于是，一个再无知的孩童，也能和一个最伟大的成人一样，在自我叙事中担任主角，成为英雄。如此二者结合，一经一纬地编织，解决了英雄与民众的对立，旗帜鲜明地反对将英雄价值进行庸俗化的简单解构，而对生命价值和意义完成了新一轮的建构：既肯定英雄所做的卓越贡献，肯定人群中主角的四射光芒，又从人本的角度指出，人人都是自身主角，人人都可成为英雄，呼吁每个人都挑战自我，超越自我。这是叙事的终极意义，应该成为叙事者的自觉追求。

否则，一切原本并无意义。

在"我"之前，亿万年岁月，早已存在。在"我"之后，时间长河，仍将汹涌澎湃，继续流淌。

唯独此时此刻，"我"在这里。"我"创造出的价值是什么？"我"存在的意义是什么？这，才是根本。

——我不只是我。每个我，就是我们。在日常生活中流动的情绪，常常将我们区分为我、你、他三方，并且转换为个体与他人、主观与客观的对立。一个真正客观的人，必须永远活在对自己主观的警醒中，才可能同时观照整体与局部。通过对自身叙事的书写，通过对他人叙事的阅读，每个你、每个他，也都包含在我们之中。

所以，当每个"我"，真挚谦卑地叙述自己的故事、书写自己的历史时，我们就有了一个又一个人的历史。

借由"我"的出现，借由"我"的价值，时光才有意义。

这样一个又一个"我"，组成了我们——组成家庭、组成机构，等等。

是这一个又一个"我"的书写，造就了国家、民族乃至人类的历史。

不是时光赋予我们生命，而是我们的生命，赐时光以光芒。

二　点亮精神生命的灯塔　元家庭的灯塔效应

人类是宇宙的孤儿。从古至今，人类不断向外太空发出"我在这里"的呼声，但仍然只能在想象中聆听同伴的回答。

人类更是时光海洋里的流浪者。脆弱的肉体、短暂的生命，却匹配着无穷无尽的渴望。我们需要灯塔的指引，才能在天昏地暗中不至于迷失方向，在惊涛骇浪中不至于丧失向往。

家庭的价值和意义，最特殊之处就在于：通过家庭，我们可以守卫孤儿，保护流浪者。

当下，在理论构建上还未成熟的后现代主义，已经借助信息时代的传播优势，加速冲击在以往一切传统中形成、修订并加固的既有体系。如果说对特权的抨击、对边缘化的关注，体现出后现代主义的积极意义，那么对差异化的迷恋、对多样性的追逐，尤其是对普遍性的解构乃至推翻，就走向了事物的极端。

在这样的后现代思潮中，家庭作为一种小小的集体，尽管是人之初必备的港湾，仍然在继续发挥作用，但其意义却被不断消解。

为了抵抗无意义产生的虚无，为了避免重新堕入无序的混乱，我们应该重新提出一个家庭概念：元家庭。

就像法国当代哲学家、曾任巴黎第八大学和美国加州大学哲学教授的让－弗朗索瓦·利奥塔指出的那样，对后现代主义可以有一个简单定义："对元叙事的怀疑。"在倡导多样性的后现代主义观点中，有一个根本观点是：没有任何一个单一的文化传统和思维方式，可以作为在传统中推崇的元叙事。

尤其是在当代中国社会，家文化是中华传统文化的重要组成部分。甚至有学者认为，家文化是中华传统文化的核心，是东西方文明的分界线。同时，众所周知，在中国当代历史上，文化浩劫导致了传统文化的断层，其中包括对家文化的破坏乃至颠覆。

无数人都乐于引用法国剧作家博马舍的戏剧《费加罗的婚礼》中的名句"若批评不自由，则赞美无意义"来捍卫批评的权利，捍卫言论自由，当然是正确的。与此同时，我们对这句话还应该有所补充：若无行动建设，则批评无价值。

虽然工业时代越来越精细化的社会分工，让纯粹的批评也成了社会分工的一种，但是，职业的批评和通常意义的批评不同。职业的批评，也有毫无建设性的批评与有建设性的批评之分。毫无建设性的职业批评，只是披着职业外衣，行着发牢骚之事，仅此而已。

批评工作要具有建设性，其他工作当然更需要致力于建设。我们甚至可以说，所有的反思、所有的批判，都是为了建设；所有的行动、所有的探索，也是为了建设。

从建设性思维或建设者的视角来说，我们应该大胆地把所有失去的视为过去，而且应该关注今天、活在今天、行在今天。

所谓元家庭，就是在整个家族中，用叙事手法提炼出家庭精神的那一个家庭。在这个家庭中，每个成员都能用自我的个体叙事与其他成员共同编织出家庭叙事，从而展示个体心灵世界，呈现家庭精神生活。以此为起点，精神力量在时空中传播，从而缔造出一个家族。

所有父母都应该从现在开始、从自己开始，从个人到家庭再到社会，让自己和子女的家庭关系，真正成为时间上绵延不绝的精神代际传承。父母应该有站在起点的勇气，只有具备勇气，才可能聚集力量。

以生命叙事的方式存在，我们可以把上一代人、把我们之前的历史，进行简洁的梳理和传承；我们可以从现在开始，对自己的生命故事，对自己的家庭历史，进行丰富的创造与书写。

元家庭的创立，要求我们在记录历史时有所选择。在记录历史时，我们需要选择用怎样的视角去观察，选择用怎样的行动去落实，选择用怎样的精神去引领，选择用怎样的方式去传播，选择将怎样的价值观、人生观、家庭观、育人观等贯彻其中。

当真正地从当下起步，我们立刻就会发现，在所有已知的事物之中，存在着各种各样的排列组合，在所有未知的有待发展的事物之中，存在着多种可能性。

比如，人们一度抨击计划生育，认为计划生育导致一大批独生子女出现，造成巨大的社会问题，并且一度把独生子女描述为洪水猛兽般的存在。独生子女当然有其特点。但是，当我们抛开一切标签以及内心的想当然之后，认真面对这些独生子女，我们不得不真诚地说：独生子女，正因为家庭中只有一个孩子，所以相对来说，他们不仅是自我意识最强的一群人，也是在人生追求上最为自我的一群人，或者说是精神上最为独立的一群人。这样的自我和独立，在发展之中，可能导致一盘散沙式的溃败，也可能促进个体强大，从而凝聚为强韧团体——同一出发点，在行动之后，可以抵达不同目的地。

我们以行动哲学反观理论，以此梳理人类自身的时候，就可以发现：当我们把自己作为主体的这一"家庭细胞"分析透彻，之后沿着这个起点，继续往前行走，就会走上一条在起步之初根本无从设想的美好路径，只不过依然无从预测未来抵达的最终结果。

时代之手，是人类的每个个体都无法逃避的。诗人总是为此悲叹，有如结构写实主义大师、作家、诗人马里奥·巴尔加斯·略萨悲叹的那样，"时代不会考虑我是什么，他把他的愿望强加在我头上"。

但是，以元家庭的方式去构建家庭，意味着我们每个人都在时代缔造的命运大手之下，以人类最为宝贵的自由意志，担当起生命之中属于自身的那一部分。

在现实生活之中，我们常常遗憾地发现，集体主义的弊端在于，当个体安于藏身集体之中，就会出现许多滥竽充数之人，把自己本身可以去承担、应该去承担的责任，推卸给集体中的他人。如果这个集体是家庭，也不例外。

试以当下网络上流行的"原生家庭创伤"为例。

在原生家庭，即子女并没有组成新的家庭而是生活在父母的家庭中，是否存在着父母不当的生活方式、教育方式，导致子女的心理甚至生理的创伤呢？当然存在，而且有的创伤的确非常严重，导致的结果也非常惨痛。

可是，从另一个角度来说，世间存在过完美的父母吗？从来不存在。世间存在过完美的家庭吗？当然也不存在。人类存在过完美的时代吗？更不存在。在这样的背景之下，哪一个家庭没有过创伤呢？

真实存在的原生家庭创伤发生之后，最后形成的结局，仍然具有两种可能性：一种是作为伤者的子女倒下了，一辈子躺在创伤之上，把一生中的任何不幸都追根溯源到原生家庭创伤那里；另外一种可能性则是，子女因为自身受过创伤，所以不断自我疗愈，这个过程就是不断把创伤化作动力、不断自我成长的过程，这个过程，淋漓尽致地体现着一个人的自由意志，甚至可以说，它是人之所以独立为人的一种表现，就是——超越。

如何超越创伤，超越痛苦？因为有了那些创伤，一个人具备了更丰富的积累，具备了更丰厚的洞察他人、体恤他人的基础，也就具备了更多真心服务他人、帮助他人的切身体会。这样的身体力行，就是用行动去疗治创伤，超越创伤，把创伤变为生命之中的一种财富、一种力量。

所以，对应原生家庭创伤的，是"再生家庭力量"。一些有识之士提出：子女组织的家庭，即再生家庭，比原生家庭更加重要，因为他们成为父母后的再生家庭，正在成为下一代子女的原生家庭。曾经遭遇的苦痛，就像一块巨石——放在肩上，就是沉甸甸的包袱；踩在脚下，就是助己提高的基石。

面对困厄，面对不幸，面对黑暗，面对所有沉重的事物，因为觉得太沉重，我们会焦躁、呐喊、愤怒……这些都是正常的反应，是一种"举重若重"的反应。所有这些表现，都应该被人们理解和接纳。只有这种温和的接纳——不论是他人的接纳，还是自我的接纳，才能够让这些情绪从幽深黑暗的心灵角落走到阳光之下。

但是，仅仅走到阳光之下，并不是我们的目的。之所以走到阳光之下，是希望能够超越这一切而有发展。发展，就是能够彻底摆脱过去的不幸，由自我开始，独立创造幸福美好。只有抱着这样的心态，才可以寻找并选择正确的做法，在组建再生家庭、成为新父母之后，以举重若轻的方式，让过去的悲伤终止，让困顿中的自我复苏，让元家庭成立。

毫无疑问，在可供寻找和选择的诸多做法之中，家庭叙事是一个无法回避的重要手段。弗兰兹·卡夫卡描述写作的一句话，正可以用来诠释这一情境下的家庭叙事："你在活着的时候应付不了生活，就应该用一只手挡着命运的绝望，同时，用另一只手草草记下你在废墟中看到的一切。"人类面临的艰难挑战，不仅来自对外部世界的探索，还来自对人性自身的提升。正是因为在不同的时代、不同的境况之下，人类一次又一次赢得了这些人性的挑战，才有了直至如今的成长。

正因为没有任何人是完美的，这些受过原生家庭创伤的父母才敢于挑战自我。正因为父母的自我挑战，他们才会成为孩子心中的榜样——我们身处的"后喻时代"，是晚辈反哺长辈的时代，但这种反哺更多是在知识上。后喻时代的父母，也同样应该成为孩子心中的榜样，只是并非需要成为孩子学问的榜样，而应该成为孩子求知的榜样。父母一次次挑战自我的行动，就是在树立着家庭教育最美好的精神榜样。

这样的元家庭，通过精神榜样，可以为后代树立起一座精神的灯塔。正如我们常常看见的，某位名人的后代，会因为先辈是名人而受到不同的对待。这种不同，当然有消极的意义，但就积极层面而言，人们之所以在潜意识中会对名人家庭特殊对待，是因为受名人效应影响，他们不知不觉将他们对名人所代表精神的理解，迁移到了名人后代身上。正面例子有很多，也有反面事例，比如因为秦桧陷害岳飞，就有秦姓读书人在岳飞墓前留下"人从宋后羞名桧，我到坟前愧姓秦"的诗句。

元家庭作为灯塔，在时光中形成的类似情形，就是一种"灯塔效应"。也就是说，当一个元家庭真正建立之后，晚辈将会通过长辈的精神效应，继续着比家风、家训更为鲜活立体的精神传承。

元家庭传承的精神，因为每个家庭的独特性，吻合后现代主义对多样性的追寻，会在后现代得到人们的认同。又因为家庭是一种集体存在，元家庭可以为抵御后现代主义对现代主义的全盘否定奠定一些基础，从而防止全面的失序、失衡。

到陌生的地方去看风景，是幸运的。在熟悉的地方看出风景，才是幸福的。元家庭让每个家庭、每个人，都有机会在熟悉的地方创造出人生的风景，在久远的时空中绵延流传。这是一种属于普罗大众的平凡幸福，也是一种属于精英群体必然渴望的家庭幸福，指引普罗大众与精英群体，在自我提升之路上并肩前行。

三 从新家庭到新家族的嬗变——一种基于人本主义的家族重构

中国是有家文化传统的国度，主要是由儒家完成的"修身、齐家、治国、平天下"的由家至国建构，描绘出由内圣外王的自我出发，到美好家庭的建设，到天下和而不同，从而大同的理想世界，让一代又一代人为之魂牵梦绕。

由此，中国传统社会以中央集权的封建专制制度对应着宗法性质的家族制度，以国家的君主独裁对应着家族中的家长专制，将对君王尽忠和对父母尽孝杂糅在一起，从而成功维持着"家国天下"这一社会结构的相对稳定。

在迈向现代社会的大步前行中，中国传统的家庭结构几乎被彻底粉碎。以数代共居一处、子孙满堂为特征的大家庭，本是中国传统家庭的主要模式，在现在已被历史的尘埃封存。在传统大家庭退隐之后，以一对夫妻和未成年或未婚子女组成的核心家庭为主，同时因父母离异产生的单亲家庭和数代混居的联合家庭等家庭模式并存，从根本上取代了传统大家庭结构，迅速改写着人们心目中家庭的定义。

正是在逐渐成为历史的故纸堆中，一些原本语义丰富的词语逐渐泛黄，比如：家。

我们目前所说的"家"，通常指的是家庭。家庭是指在婚姻关系、血缘关系或收养关系基础上产生的亲属之间所构成的社会生活单位。当下因缘际会而相聚在一起的人，组成了家庭这个社会的细胞。

但是，另一个与"家"有关的词，不仅在历史中长久存在，而且曾经占据中国人的日常生活，甚至原本是"家"这一词义的重要组成部分。这样一个重要名词，现在已经逐渐被忽视、淡忘，那就是"家族"。

家族，是指具有血缘关系的人组成的社会群体，通常有几代人。这是我们应该重新捡拾起来、重新思考、重新定位的词。

为什么在物质繁荣的当下，现代人的幸福感并没有随之按比例提升，反而更加焦躁不安？人们在工作时心烦气躁，盼望下班；回家后心神恍惚，感到孤独；既不能热情投入工作，也不能安享家庭生活。

归根结底，是对前途、对人生的紧张和恐惧，导致了现代人的焦躁。为什么当今国人总是感觉缺少从容呢？以下是几个重要的缘由。

第一，信仰的坍塌，导致对生命存在的焦虑。

农耕时代的人们，坚信自己是和神在一起的，坚信人在受着神的护佑。简单的因果报应，就足以解决人的信仰问题。

随着科学的发展，人对世界的认知越来越清晰，对信仰也在不断进行理性的梳理。工业时代的哲学家尼采指出"上帝已死"。这一声振聋发聩的呐喊，表面上使人们醒来听见了真相，实质上却使太多的人陷入了一种困境：离开神灵护佑之后，作为孤独的人类，自己究竟应该如何生存？他们没有真正思考过这个问题，更缺乏足够的力量来担负起这个沉重的现实。

科学技术的发展，像是开闸后的洪流一般，不由分说地往前奔涌。人们被洪流裹挟着，跌跌撞撞地向前奔跑，心灵缺乏立锥之地，很容易走向迷惘。

因为迷惘，所以紧张。正如对于一艘没有方向的船来说，所有的风都是逆风。因为没有方向，所以不知道走到哪里才是美好的终点。

第二，对专业知识的要求，导致人生有效时间缩短。

死亡是谁都无法逃避的结局，不管你是什么人，不管你做什么事。

以死亡为结果倒推，就会发现：就算一个人能活 100 年，扣除学习、休息的时间，扣除幼稚和衰老的两端，真正生活充实、精力充沛、能绽放生命本有的创造力的时间，只有短短几十年。

在工业时代立足，需要的时间成本远高于农耕时代。工业时代需要掌握大量的知识和技能，这些都需要消耗人的生命。

尤其是父母，一方面自己要更好地生存，就需要投入更多时间到终身学习中，掌握更多专业知识，尽力做到无可替代；另一方面网络世界兴起、家庭关系疏离，让孩子越来越多地从心灵上远离父母，沉迷于在有共同语言的社会群体、同龄朋友中寻求身份的认同和意义的彰显。这也直接导致父母对孩子的教育变得越来越难，更加恶化了对人生有效时间的把握。

第三，不确定性的增加，导致家庭生活安全感的丧失。

信息社会的加速度，让工作形态、生活形态都发生了翻天覆地的改变。后现代思潮，又让人们的心灵遭受颠覆式的冲击。

以前的中国，人们的一生都沿着线性轨道向前，只要选择了开头，就基本可以预测结局，其间重新选择的机会很少。而如今的中国，人们的生活从线性轨道变成了网状结构，在一张四通八达的大网上，人们似乎可以从每个纽结抵达四面八方，但离开每个纽结，都需要付出相应代价。

有两个重要因素影响家庭生活：健康和情感，即寿命和婚姻。

从寿命来说，据第六次人口普查数据，2010 年中国人均预期寿命为 74.9 岁。相关调查指出，1960 年至 2015 年，这 55 年间中国国民的平均预期寿命增长了 32.64 岁，增幅达 75%。寿命的延长，导致生活中变数的增加，许多以前让人自以为年迈而懒得再选择的机会，现在又重新成为让人掂量的十字路口。

从婚姻来看，公开数据显示，中国在世界范围并非离婚率最高的地区，2012 年俄罗斯离婚率为 4.5‰，2011 年美国离婚率为 3.6‰，而中国 2015 年离婚率为 2.79‰。但是，据人口专家易富贤在《大国空巢》中介绍，中国 2003 年的离婚率比 1979 年增加了 5 倍。人性的原始欲望，混杂着经济的日益自由、情感标准的提高、人生追求的多元化，让爱情的小船也在时代海洋里动荡不安。

自由并非纯粹的权利。一旦无法承担自由选择导致的结果，自由必然成为物质与精神的重负。

在这三种状况之下，现代人一方面需要家庭创造身心的皈依，另一方面又受困于家庭生活的逼仄，因此特别需要家族概念的重新回归。通过对家族进行新的定义、新的建构，可以协助现代中国人更好更快地找到自身存在的价值感、意义感、使命感和存在感。

一个人的价值感，通常取决于其从事的工作或承担的事务能够创造出什么价值。

价值分为物质和精神两个层面。一个人的工作，能够值多少钱？这是最简单的价值判断。父母希望孩子考高分，无非是为了让他们读个好学校、找个好工作、创造较高的物质层面的价值。这是非常浅显的道理，也是人们应该尊重的。

精神层面的价值，在年轻一代人身上越来越明显地体现出来。当社会指责年轻人难管、不听话时，其中原因之一是：年轻一代更多追求精神层面的价值。他们不会仅仅因为物质价值的最大化，就甘心忍受精神的贫瘠。就某种意义而言，这种对精神价值的追求，是值得肯定的。尽管这其中存在的情绪化和责任感淡漠等，未必都是积极因素，但就整体而言，这已经是在自觉追寻精神层面的价值，只不过在权衡之中舍弃了物质层面的利益。

比价值感更高一层的，是意义感。

意义感，与价值并不存在正比例关系。有不少人热心所做的事，从价值角度计算，价值不大，但当事人之所以坚持要做，就是因为意义感。

比如 Facebook 创始人马克·扎克伯格和妻子普莉希拉·陈为了庆祝自己第一个孩子诞生，承诺将他们持有的 Facebook 99% 的股份（按当时股价计算约为 450 亿美元）捐出，用以发展人类潜能和促进社会平等。这条新闻最初传播开来时，人们对如何捐助股份的相关细节不了解，以为这意味着当事人会马上失去这笔巨款，因此对其大加赞赏。但是，当人们发现捐赠股票的富豪能够因此回避超过遗产一半的遗产税时，关于巧妙避税的质疑、沽名钓誉的指责等各种言论，一时间又甚嚣尘上。

然而，也有例外——"股神"沃伦·巴菲特的个人捐款总额，已经超过其总资产的一半，这也就让避税之说无法立足。之所以有这样的人、这样的事，就是因为意义感的存在。如果一件事对一个人具有特别的意义，这个人就会毫不考虑价值，丝毫不顾及利益得失去行动、付出。

使命感，是通过一次又一次意义感的累积，逐渐定型的。

做一件事情有意义，会让人感到充实。类似有意义的事又做一件，又做十件……这样坚持做下去，就会逐渐地形成一个人的使命感。

有这样一个流传已久的小故事：

有一次，美国前总统肯尼迪到美国国家航空航天局访问。他去洗手间时，见到一名清洁工正在拖地板。出于礼貌，肯尼迪总统对他表示谢意，感谢他把洗手间打扫得这么干净。这位男士回答："不，总统先生，我不是拖地板，我是在帮助我们登上月球。"

清洁工简单的一句话，体现出来的不仅仅是意义感，还有由意义感累积而成的使命感。

使命感来自两个方面：第一，这是一件有意义的事，因此，我非做不可；第二，我是最适合做这件事的人，因此，非我做不可。

一方面，在打扫卫生这件事情上，清洁工没有把它定位为拖地等具体工作，而是从中发现了意义感：因为人们要登月，所以需要做很多事；在这很多事中，就包括打扫卫生；我做的是打扫卫生，这是登月事务中的一件；这件事有意义，因此我要做。

另一方面，清洁工之所以让登月的答案脱口而出，是因为强烈的意义感让他自豪：这个地方非我打扫卫生不可，因为我打扫卫生最认真细致，是最适合做这个工作的人；即使别人没有意识到这一点，抱歉，那是别人的认知出现了问题，而不是事实。

意义双重叠加，互相促进，就形成了一种使命感。

一个人有了使命感后，所产生的心态可以用"使徒情结"这一概念来形容。在宗教类故事中，我们常常能够看见凡人秉承了神的旨意，从而把某项使命的重要性视为超出自己生命的存在。在普通人的工作生活中，我们可以用使徒情结来形容这种把生命与某件事紧密相连，发自内心地认为这件事的价值与意义高于自己生命的情况。

使命感催生了使徒情结，使徒情结又反过来强化使命感，在彼此强化的过程中，一个人就形成了强烈的存在感。

无论一个人从事什么事务，他主动将自己的生命和这个事务相连，强烈的使命感又使他做出过人的努力，结果他在这个事务上的成绩超出一般人，他因此强烈感受到自身的存在，认为自己有着确凿无疑的价值和意义。随着为了那个使命所做的努力增多，他的存在感会越来越强，幸福感也会一直丰沛。这样的人，无论在什么工作岗位上，无论置身何处，都会通过自身的存在，强烈地感染其他人。

这样的人组建的家庭，需要用叙事去传播其精神。这样由个体组成的家庭叙事，是既尊重个体生命价值，又兼具集体主义色彩的生命故事。这让它不仅在家庭内部流传，还超越时空，吸引汇聚着一代又一代人，从而形成我们今天需要倡导的新家族。

时代发展到今天，我们重新提出家族，恰逢其时。

冯友兰先生在《中国哲学简史》中指出：家族制度，在过去就是中国的社会制度。中国封建社会数千年的进程，就是一部大家族的兴衰史。

当代社会，我们用实际的多样态家庭取代了传统大家庭；在"文化大革命"的"破四旧"浪潮中，对家谱等家文化的破坏，更是从源头上断了家族的根本。

当今存在的那些家族，无论文化名人如孔子、范仲淹家族，还是新兴的富贵家族，无一例外都是追求名或利的工具。然而，这样的家族能够流传，自有其可取之处。例如，范仲淹家族自宋代开始直至清末，都是书香世家，家风清廉，家训严明，800多年兴盛不衰。但是，这样的家族再好，毕竟不是普通人可亲、可感的家族。

如果一个人不知道自己祖先的人生经历，就算祖先的姓名留存下来，也只能作为一个符号、一个象征存在，这个人也一样缺乏"我从哪儿来"的认知。缺乏这一点，就是缺乏对根的认知，就无法形成家族——在时间上没有延续。

也就是说，我们希望缔造的新家族，是以精神在时间里的传承为核心，凝聚起一个以血缘关系为主而汇聚的群体。

新家庭，主要从社会的广度出发，指的是空间上的一群人。新家族，主要从历史的深度出发，指的是时间上的一群人。

家族和家庭，作为经与纬的编织，能把美好的精神、丰裕的物质，共同延续下去。

中国有一句俗话说：富不过三代。生活中有太多真实事例验证着这一事实，第一代人努力赚钱，第二代人拼命花钱，第三代人已经没钱。从精神层面来说，富裕的第一代传下去的，不是努力的精神，而是努力所得的物质财富。没有真正将精神财富进行传承，物质财富也会很容易就随风飘逝。

家文化之"家"，包含家庭与家族在空间与时间上两个维度。在信息时代与后现代主义合谋围剿的当下，我们需要通过家族这样一个大于家庭、小于社会的概念，助力每个人的成长，助力每个家庭的建设，助力家文化的重构与传播。

四　智慧爱绘制同心圈

新家庭教育的三组关键词

从概念到概念组

最初，世界对于人类来说，是混沌一片。

概念的出现，是人类认知世界的伟大成果。一个又一个的概念，反映出世界一处又一处的特征。庄子写下"日凿一窍，七日而浑沌死"的神话故事，从认知世界的角度而言，则是概念既出，愚昧即死。

对概念本身，人们也给予定义——

"思维的基本形式之一，反映客观事物的一般的、本质的特征。人类在认识过程中，把所感觉到的事物的共同特点抽出来，加以概括，就成为概念。比如从白雪、白马、白纸等事物里抽出它们的共同特点，就得出'白'的概念。"（《现代汉语词典》2012版）

"人类在认识过程中，从感性认识上升到理性认识，把所感知的事物的共同本质特点抽象出来，加以概括，是本我认知意识的一种表达，形成概念式思维惯性。在人类所认知的思维体系中是最基本的构筑单位。概念可以是大众公认的，也可以是个人认知特有的一部分。"（百度百科）

无论对概念的哪一种定义，都可以看出概念有一个根本特性，就是极强的排他性。只有排除所有他者，才能确定独特的自身。

可是，我们永远无法用任何符号来定义立体的生活本身。因此，在我们确立一个概念时，是以概念解剖世界之时，也是以概念割裂世界之时。

进入工业时代之后，行业越来越多，人类需要的专业知识也越来越多。行业和行业之间，因为研究深入，需要的概念越来越多，概念与概念之间形成的壁垒也越来越多，世界被概念割裂的程度越来越深。

由此可见，概念作为人类智慧的结晶，需要我们去认识，去解读，同时它也是人类智慧的局限，需要我们去反思，去突破。

"概念组"正是力图解决概念造成认知局限的一种方式。所谓概念组，指的是在概念上越是对立的双方或多方，在生活之中彼此联系越紧密，在现实之中是一体的两面。因此，在对概念的理解中，需要对双方或多方同时进行解读。

概念的分割必然造成断裂，片面的精确必然形成对生活的误解；概念组的完整，是对概念的组合，在整合中才能形成认知中的正解。只有牢记这一点，才能够在概念越来越专业、越来越精确时，弥合概念造成事物割裂而形成的意识天堑。

所以，我们在理解每个概念的时候，都要牢记它的对立面。

比如，老师和学生是两个不同的概念，但两者本身就是一体的：如果没有学生，老师是什么？老师只是普通人。如果没有老师，学生是什么？学生只是父母面前的孩子。

比如，父母和孩子是两个不同的概念，但两者也是一体的：在孩子出生之前，父母并不是父母，而是普通的男女青年。正是从这个逻辑起点出发，我们才说父母孩子一样大。每个人做父母的时间，都和孩子的年龄一样。就算并非第一个孩子，也因为生命本身不同，父母只是在抚育孩子的基本通识上有经验，并不意味着有身为第二个孩子的父母的经验。因此，父母不必因为自己是成人，而盛气凌人地觉得自己什么都懂，其实恰恰在身为父母这一点上，他们从未经历过。

又比如光明与黑暗。在《像自由一样美丽》一书中，记录了纳粹集中营里艺术教师弗利德对同样关押在集中营里的犹太孩子说的一句话："你要用光明来定义黑暗，用黑暗来定义光明。"这是一句令人费解的话，怎样用光明来定义黑暗？黑暗又怎么可能定义光明？一度我也为之困惑。如今我的个人理解是：如果你想抨击黑暗，最好的方法不是喋喋不休地抱怨，而是把你能展现出的光明尽情展示出来，这样他人自然会知道那些黑暗实在太可恶；如果你一心想呈现光明，那么不要憎恨周围的黑暗，正是有了黑暗的衬托，才显出光明是如此璀璨——人世间不可能有纯粹的光明，因为动物性的本能是人性的内核之一，永存于人性之中，人性永远无法摆脱这一面；所有人性中的光明，都体现为对动物性的超越，这也就是人们常说的在人性中具有神性的一面。这样的互相定义，意味着我们必须永远保有批判性思维，对自身保持质疑。

总而言之，概念组利用分割世界的概念，组成了一个完整的世界。

从平庸之恶到智慧爱

任何一个美好的词，都是从生活中凝结而诞生的，在生活中丰富而发展；同时，也在生活中逐日蒙尘，逐渐被遮蔽。

爱，正是其中之一。

就连世人尊崇的特蕾莎修女，都不由得发出感慨："爱远处的人很容易，爱我们身边的人往往并不容易。抚慰因缺乏爱而感到孤独和痛苦的家人，远比将米饭给予饥饿者更加困难。"可想而知，爱在现实中早已被扭曲成何种状态。

真正的爱，本来就与智慧一体，和勇气为伴，以慈悲为魂。可到了今天，在现实生活中，却有无数的恶都打着爱的旗号。

在学校里，爱会成为教师"我都是为了你好"的控制手段；在家庭里，爱会成为父母"你想怎样就怎样"的无底线宠溺。这样的家庭和学校，这样的爱，以非智甚至反智的面目出现，不仅让人们重新陷入言语的混沌之中，甚至开始混淆爱与害的边界。

为此，我们要以"智慧爱"一词为爱正名。

何为智慧爱？

现代西方"哲学"一词源于古希腊语，其直译为"热爱智慧"。众所周知，智慧更多意味着理性，爱更多意味着感性；智慧更强调后天，爱更接近本能。若延伸开去，我们可以把智慧指向科学，爱则意指人文。

所以，"智慧爱"一词，是情与理的交融，是对爱的进一步细分，是对爱的一种重新定义，暗含着在教育哲学上的终极追求：在理性和感性的两极之间，取得平衡。这一平衡包含两极，故而称之为完整；其过程与结局，则可称为幸福。

以智慧爱对照当下，将看见应该让我们触目惊心的一幕幕——

欠缺了爱的智慧，毫无生命的温度。这将会使知识冷硬，使科学僵化，让科技进步失去灵魂。这种现象早已被无数人批判，在自命不凡的专家群体里，极易见其踪影。

欠缺了智慧的爱，丧失的是一道智性的堤坝。强烈的爱是情感的洪流，缺少堤坝的约束，要么因突如其来的汹涌而摧毁一切，要么在日复一日的盲目流淌中逐渐干涸。在母爱中，这种表现最为突出。

如此厘清之后，我们可以说：爱不是教育的底色。君不见，有多少教育之恶以爱为名？智慧爱才是教育的底色。只有智慧爱，才准确地指向尊重、平等等一切教育之根本。

纵然我们不断讴歌生命，可我们还是不得不承认，有太多人的生命，从幼年的无限可能，如同一块逐渐冷硬的铁，到了生命尽头，最终变得乏善可陈，因此才有"少成若天性，习惯成自然"的古训代代流传。

但是，作为教育工作者，首要的是相信教育的力量。这意味着必须真挚乃至赤诚地相信他人。无论对方年岁多大，是大人还是孩子，都必须相信对方生命中蕴藏的无穷潜力，相信这些潜力经过科学挖掘必然呈现出美好，相信"放下屠刀，立地成佛"的转念可以成为人生的全新开始，相信善恶兼备的人性可以被锻造得熠熠生辉。

我坚信，纵然生命已经成为一块冷硬的顽铁，只要顽铁愿意选择纵身跃入熔炉，从选择的那一瞬间开始，就可以用智慧爱锻造出新的生命：智慧爱中的爱之烈火，可以让硬铁软化，同时，智慧爱中的智慧之巨锤，能够重塑心灵。

一个人如此，每个人都是如此。

回望人类并不漫长的历史，已经出现过无数千奇百怪的错误和令人椎心泣血的教训，可人类是如此短视而健忘。

负责驱逐、押送不幸的人们前往死亡集中营的纳粹军官艾克曼，事后在法庭上反复为自己辩护。他称自己作为公民是做着当时国家法律允许的事，作为军人是在执行上级的命令，因此自己没有多大的罪过，因为"自己是齿轮系统中的一环，只是起传动作用罢了"。犹太著名哲学家汉娜·阿伦特将此描述为"平庸之恶"，用这一哲学术语谴责并警醒人们在现代生活中广泛存在的这种恶：对独立思考放弃，对自身思想清零，对上级命令不假思索地盲目服从。这种你我都可能深陷其中却不自知的恶，会让我们沿着惯性的链条，毫无知觉地铸成大错。

战争是一群人对另一群人的错，教育也可能成为一个人对另一个人的错：当学校停止补课时，父母把孩子悄悄送进补习班；当亲子共读时，教师用家庭作业把学生的时间占满……这样违背教育规律的做法，正是成年人对应试洪流未经思考的盲从，并且每个人都将责任推向其他方面。可怜的是成长中的孩子，一个个稚嫩的生命承受的，又何尝不是父母与教师施加的平庸之恶呢？！

在这样充满平庸之恶的教育中成长起来的孩子，必然也是平庸的，也留下了平庸之恶的胎记，也难免在平庸的人生中，对他人乃至对自己的孩子，犯下平庸之恶。

或许，人类能够从平庸之恶拯救自身的力量，唯有智慧爱吧！

智慧爱，也是对爱的本义的回归。只有对智慧爱产生至高的渴望与追寻，我们才能在传统之根早被粗暴重创的情况下，在这个不断被后现代碎片割裂的文化中，重整家庭的生活港湾，重建学校的知识大厦，直至重筑城乡的精神家园。

我们为此行动着。

从阶梯到同心圈

人到底是什么呢？

人，一个又一个、一代又一代地出生，成长，老去。人到底是什么呢？

世间熙熙攘攘，但剖析世间的工具，却实在简单得粗陋。这个世界习惯于用简单的两极来区分人，就是一个例子，比如男人、女人，比如成人、儿童，比如东方人、西方人，还由此发展到东方人重视集体，西方人重视个体，等等。

在这样的基础上，接下去要么来一个分崩离析，彻底各自走向极端，最多也不过来一个所谓的辩证统一，把两极硬生生揪到一起。前者固然痛快，最后的结果却不是老死不相往来，就是冰川般冷漠的巨大天堑。后者看似和谐，却又会有诸多碰撞，吵吵闹闹彼此不服气，又似"相见争如不见"。

我认为，一个完整意义上的人，应是一个同心圈。圆圈中心，是个人。外环依次是家庭、机构（团队）、国家（民族）、人类、天地、宇宙。

缺少外环的周遭之大，就会导致整体之小。那些把个体自由鼓吹到极致的人，从个体角度而言，都是能够在自由竞争中占据一定优势者，他们的生命其实也不乏精彩，尤其会比他们周边的人好那么几分。这些人之中有太多人，天赋异禀，才智天生就是人群中的佼佼者，但终其一生，最后不过是混得一口好饭好菜。这样的人，对他人无害，对自己却未必真正有益，他们未免暴殄天物，辜负了造物主的一番恩宠。

缺少圆圈中心的个人之实，则导致整体之空。这类人也很常见，用那刻薄的三个字概括，就是"假大空"。其实，有许多被判定为假大空的人，自己也并非刻意，只是长期在某种奇怪的集体文化浸润下，产生无意识，甚至催生了"无意识英雄"。比如，十几年前我看过一则新闻，一直记忆犹新，大意是：一位劳模理发师，当父亲即将去世时，为了光荣的理发工作不愿请假回家，最后错过了见父亲最后一面。理发与父亲去世之间孰轻孰重，正常人都能掂量得出。这样在人性根本处的一点亏空，导致的是整体崩盘。

显而易见，一个人的成长，无论自然生命还是精神生命，都必将遵循这样一种同心圈的循序渐进的关系，而且关系与关系之间，不是彼此相切，而是逐步扩大。

外环越来越大，纵然内核大小始终未变，个人所占的比重也相对而言越来越小。一个人的成长也正意味着对自己个体的得失考虑得越来越少，这也就意味着在某种情形下，的确存在真正的利他主义者——因为外环实在太大了，和外环之大相比，个人几乎可以忽略不计。

同理，正因为个人永远是这个同心圈的中心，因此人性根本的部分，无论是好是坏是善是恶，都将永远存在，并且在某些极端的、特殊的情形下，仍然可以从根部牵绊，甚至改变人与事的走向。这正是人之复杂性的体现，也正是人们呼吁用制度管理人的原因。人永远不可以对自身掉以轻心。

由此推开，许多我们习以为常的图谱，都应该用同心圈的概念重新绘制。

比如，马斯洛的需求层次理论，就是把人类需求从低到高按照层次像阶梯一样排序，共分五步——生理需求、安全需求、社交需求、尊重需求和自我实现需求，通常排列为金字塔状。

但是，事实上，人类需求根本不能用阶梯概括。因为对人而言，除非自己还想原路返回，否则登上一级新的高度之后，就必然放弃了前一级阶梯。事实当然不是如此，一个追求自我实现的人，一旦基本的生存遇到阻碍，就很有可能重新回到追求生理需求的轨道上，而不是继续站在高高在上的自我实现需求上指点自己的未来。

人是一个同心圈，因此，一个人的内心能够真正与哪一个外环合而为一，这个人就会有相应的精神之力。

人是一个同心圈，因此，就算一个只顾个人的普通人，也有心怀寰宇的可能性；就算一个真正的圣贤，归根结底也有个人的根。

了解这样一种同心圈理论，最大的好处不是别的，而是可以用于寻获幸福。因为人类所推崇、追寻的那些公平、正义等美好事物，其实一般都是针对一个时间段的一个群体，所以才会以较高的概率表现出确定性。仅从个体角度而言，这个概率显然就小得多。此时，如果自己能够懂得自己是个同心圈，把自己变"大"，把自己的公平、正义归于一个群体之中，生命就会因此突破肉体的限制、时间的限制。这种精神上的同心圈之大，会立竿见影地让人收获平静与幸福。

这样获得幸福的具体方法有两种：一种是自觉追寻者，能够先以志向为自己创设一个最大的同心圈，从而在接下去的追寻之路上从容不迫，百毒不侵。还有一种如我这样的误打误撞者，在遇到事情时，就可以把同心圈有意识地向外扩几分，可以根据工作要求主动提升自己的境界，这也是一种灵丹妙药。

无论哪一种方法，归根结底都是一句话：智者无忧。

把人是什么彻底想清楚，就把人生想得差不多了，就能够懂得，所有的不幸福，都只是一种感觉，就和幸福只是一种感觉一样。所谓"世间好物不坚牢，彩云易散琉璃脆"根本是胡搅蛮缠的说法。事实上，在人世间，哪有坚牢的事物？坏的照样不能久长。只是人们太期盼好物坚牢，对好物的消散格外叹惋罢了。

不论好与坏，所有人都不过是大大小小的同心圈，组成了人间，开启了善与恶的博弈，此消彼长，如此而已。

五　中国儿童精神　新家庭教育的儿童视角

在没有孩子之前，所有父母都不是父母，而只是普通男女青年。可以说，家庭教育是因为儿童而诞生的。

在没有学生之前，所有的教师都不是教师，而只是普通的成人。可以说，学校教育是因为儿童而存在的。

儿童，在国际通行的概念里，是指 0~18 岁的未成年人。对于这样的未成年人，蒙台梭利指出："儿童正是作为一种精神上的存在而不仅是肉体上的存在，才给人类的发展提供了强大的原动力。也正是儿童精神，决定了人类发展的进程，并有可能把人类引向更高级的文明。"

儿童精神，正是一种极其柔弱、极其长久、极其精妙的精神力量。

希腊罗马文明被誉为西方文明的摇篮。在象征古代罗马文明的拉丁语中，"儿童"一词意味着"自由者"。从西方的各种儿童文学经典作品中，我们也不难看出"自由"这个核心。比如，儿童文学作家林格伦创作的《长袜子皮皮》一书中的形象，正是把儿童从迷信权威和道德主义中解放出来，让皮皮变成了自由人类的象征，获得了恒久的生命力。

但是，自由真的就能概括儿童精神吗？甚至，自由真的就是一个褒义词吗？现在看来，还需要继续探索。

有学者认为，儿童诞生于欧洲，在文艺复兴之后，人们才"发现"了儿童。的确，在中国古代，儿童观是缺位的。但这并不意味着中国文化里没有儿童精神的萌芽。恰恰相反，正因为中国传统文化迥异于现代西方文明，才从另一个侧面为儿童精神进行了补充。

今天，我们可以把中国儿童精神更为详尽清晰地定义为三个词的组合：自由、自律、自新。这三者之间，是递进关系。

自由是基础

这个似乎不用解释，正是当下民众最为强烈的呼声。越是匮乏的，越是渴望，这是人性的正常反应。

但是，我们由此应该从学理上特别注意，不能把自由简单作为褒义词来思考，而应该回到原意上。就像理想、信仰这类词，其实都不是褒义词，而是中性词。有些恐怖组织的发起者和追随者，堪称是有"理想"、有"信仰"的一群人了，他们也很自由——结果呢？

从身边来说，那些把个体自由鼓吹到极致的人，一般来说都是聪明的，都是能够在自由竞争中占据一定优势的人，他们的生命也不乏精彩，尤其会比周围的人好那么几分。这些人之中有太多人天资出众，但终其一生，不过是混得一口好饭好菜。这样的人，于人无害，于己也无利，辜负了造物主的一番恩宠，他们也就是钱理群先生说的"精致的利己主义者"。

父母只有懂得孩子的成长是以自由为基础的，才会对孩子放手。孩子只有在拥有选择的机会中长大，才能学会独立面对错综复杂的世界，才有可能在成长中真正让父母省心、放心。

但是，父母既需要给孩子充分的自由，又要注意不能溺爱孩子。溺爱会让孩子的自由丧失边界，难以进行下一步的发展。因为我们不能把"自由"简单作为褒义词来思考，而应该回到原意上。

自律是手段

没有规矩，不成方圆。玉不琢，不成器。在这一点上必须强调：有自由，才能有自律。规矩从外部而来，就是压制；规矩从内心建立，就是自律。

只有个体的自由，就必然出现群体的堕落。有了个体的自律，就必然有群体的自由。在这一点上，如果能够努力进行辨析和推动，就将会成为东方文明对人类新的贡献。

这也意味着，父母遇事与孩子协商应该成为常态。父母只有把孩子当平等的人对待，让孩子拥有参与和决定自己事情的权利，孩子才会逐渐自律。一个挑食的人，如果面对自己亲手做出的饭菜，胃口会好一点。同理，让孩子自己制定规则，孩子也更乐于去遵守。如果父母不放手，孩子就算再遵守规矩，也只是出于外部力量的他律，而不是自我教育所需要的自律。

自新是目的

自新，从现有词义来说，是自强不息，日有新得，所谓"改过自新"取的就是此义。

除此之外，必须增加一点：自我创新。创造，每个人创造自己能够创造的，这是人的使命。父母要鼓励孩子多尝试，要允许孩子犯错，要激发孩子培养更多兴趣，要帮助孩子寻找榜样，要鼓励孩子挑战难题，更要激励孩子不断挑战自我。

以自由、自律、自新这三个词为标准，我们的家庭教育应该以怎样的架构进行？其实，每个父母都会逐渐归纳出自己的答案。

在教育之中，无论学校教育、社会教育还是家庭教育，儿童精神都起着根本性的作用。尤其在家庭教育之中，儿童精神的力量起着决定性作用。有了作为根本的儿童精神，以此为观照，我们的家庭教育，就不再简单是学校教育的附庸，不再是简单地描摹学校教育、补充学校教育，而是创造精神生活，推动人格成长，由此改良现实生活的教育。

以英国教育哲学家怀特海对教育提供的浪漫、精确、综合三阶段来衡量，不同的时代需要培育出不同类型的人，所以对包括家庭教育在内的教育，不同时代有着不同的要求。

在农业时代，教育是浪漫的，强调天人合一；在工业时代，教育是精确的，强调各个行业需要专业而精深的知识；在信息时代，教育变成了综合的，人们突然发现知识不那么值钱了，有价值的是如何组合知识，如何运用知识。

这样的演变过程，意味着信息时代需要特别强调的，是整体化的思考、个体化的行动。作为人，每个人都是一个完整的人。作为教育，其实也只有完整的一个：只有家庭教育、社会教育、学校教育综合起来，才是真正育人。

所以，人生就是幸福完整的教育生活，家庭应是幸福完整的教育场所。教育最大的目标，是希望人们能通过外在的一切教育，学会自我教育，从而实现一生学习、一生成长的终身教育。家庭教育也是如此。

在当代中国，"家庭"一词，恐怕从来没有像现在这样被我们热议过；"家庭教育"一事，恐怕也从来没有像现在这样被人们关注过。

比如，有一个拥有10万多名成员的、影响颇大的网络讨论小组，名称就是"父母皆祸害"。这句引自尼克·霍恩比所著《自杀俱乐部》中的名句，归纳了讨论的主题。其成员在此倾诉、讨论、反思在家庭生活中受到的来自父母的不公正待遇，从精神情感伤害到肉体伤害，进行自我救赎，寻找人生出路。

无独有偶，"原生家庭创伤"也受到了人们的声讨。许多人纷纷表示：在原生家庭中曾经受过创伤，影响了自己在再生家庭中的表现，而且是不知不觉的。

这些客观存在的事实，提醒我们必须以新的起点创造新家庭教育——家教如莲。

一朵莲花是怎样绽开的呢？

莲花，绽开于淤泥之上。

同样的道理，在家庭教育中，则意味着我们都来自淤泥。没有哪个人的童年完美无缺，没有哪个家庭不会造成一定的创伤。关键在于，是身陷淤泥就此腐烂，还是从淤泥中拔节，穿越水面，拥抱阳光。

所以，我们承认原生家庭的影响，也就特别强调：父母似命运，家庭即环境。

家庭的本质，是自我与他人的交往。在交往之中形成的模式，将投射进漫漫人生的所有交往之中。作为父母，如何与孩子相处，就会形成孩子如何与他人相处的模式，也就基本决定了这个孩子将来度过怎样的人生。尽管时代大手的确会不由分说地拨弄每个人，但是，正如爱因斯坦所说："不管时代的潮流和社会的风尚怎样，人总可以凭着高贵的品质，超脱时代和社会，走自己正确的道路。"越是时代与社会不尽如人意，那么要超脱于时代和社会的力量，就越是需要家庭成员助力，尤其是孩子，更需要父母助力。所以，不必感慨社会不公，每位父母都是造就孩子成长的小环境，父母在家庭中的精神状态，必然通过孩子折射出来。

遗憾的是，威权伴随应试而生。在现有教育理念下，父母一般都认为儿童是需要教育的人，很难放心给孩子自由。他们不知道，正因为丧失了自由这个基础，原本可以成为自律的好习惯，却变成了来自外界压力的他律，孩子丧失了自我要求、自我成长的原动力，更谈不上自我创新。

创造才是生命的本质。

生命的存在，只有从创造中才能确定意义感。一个人诞生在世间，就是物质的转换；一个人在世间生活的吃喝拉撒，也就是不断进行物质转换的过程。这个过程就是一种创造：要么创造出精神上的好作品，要么创造出分泌的垃圾。

儿童精神，就是以创造精神生命的存在，作为人生的根本方向。

在中华优秀传统文化中，通常以"赤子"一词作为类似儿童精神的表述。老子在《道德经》第五十五章中写道："含德之厚，比于赤子。蜂虿虺蛇不螫，猛兽不据，攫鸟不搏。骨弱筋柔而握固。"《孟子·离娄下》则说："大人者，不失其赤子之心者也。"

今天，我们的赤子之心以什么为现实世界的依托呢？今天，以自由、自律、自新这三个词为标准，我们的教育应该以怎样的架构进行？有了作为根本的儿童精神，以此观照，进行真正的思考，每位教师，甚至每位父母，都会逐渐得出自己的答案。

只有这样，我们的教育才能不再简单是生命的附庸，不再简单地灌输知识，粗糙地描摹生活。

只有这样，我们的家庭才能成为创造精神生活，推动人格成长，改良现实生活的工具。

只有这样，我们的世界才会在这样的儿童手中，建设为物质丰饶而精神幸福的家园。

六 重筑新时代的精神家园

新家庭教育观

新家庭教育，既是新时代之下的家庭教育，也是新教育实验关于家庭教育的思考。

新时代，一方面指的是全世界正处于工业时代向信息时代转型之中。信息时代，作为一个新时代，必然会在各方面对现行教育造成冲击。当然，其中也包括家庭教育。而且，和工业时代的趋势是家庭教育社会化不同，这一次新时代的冲击，呼唤的是家庭教育的回归。家庭教育在未来教育中，将越来越占据举足轻重的地位。

世界教育创新峰会（WISE）在一项全球调查中发现，在世界范围对教育的投入越来越高的前提下，全球教育家普遍认为私人为教育买单的经费会有大的增长，而不是降低。显然，随着投资的增加，家庭教育也会对教育的个性化、民主化等改变带来积极的影响。

新时代，另一方面还意味着中国正处于从传统向现代、从计划经济体制向市场经济体制的转型期。前者意味着文化，后者意味着经济。在这样的综合转型过程中，家庭作为构建社会的细胞，当然起着至关重要的作用，也受到了党和国家的重视。

所以，探索新家庭教育模式，也就是寻求新时代背景下的家庭教育突破，与其说是对家庭的建设，不如说是对时代的奠基。

和所有的研究一样，探索新家庭教育模式最重要的不是方法，而是原则。掌握新家庭教育的原则，就是把握住了根本观点，这样才可以在观点的支柱上，勾勒出新家庭教育的蓝图，搭建起新家庭教育的大厦。

在笔者看来，新家庭教育观，起码包括以下九个方面：新家庭观、新生命观、新生活观、新育人观、新儿童观、新亲子观、新文化观、新科学观、新发展观。

新家庭观，以精神纽带超越血缘联系，使家庭成为精神家园

新时代的家庭，应该以精神纽带超越血缘联系，让家庭从经济互助体、情感共同体，塑造提升成为精神家园。

真正的亲情，并非血缘的简单联系，而是某种精神的共鸣与传承，是一群常年厮守的人，以相似的人生观、价值观面对世界，发现并实现自我，从而产生的一种休戚与共、深刻而持久的情感。一旦拥有这种亲情，就如同人生打牢了坚实地基，其上兴建的楼宇再高，也不易坍塌。

理解才是爱的源泉。"养儿方知父母恩"是最浅陋的情感，只是肉体劳碌之余的感慨。然而，部分养尊处优不用处理家务的年轻父母，连这一点感受都不会有。

对父母恩情，我的亲身感受是：之所以在生活越来越从容之后，我对父母的爱仍然与日俱增，是因为随着成长我越来越深刻地理解父母，理解他们作为生命存在所产生的价值——他们身为普通人，勤奋而聪明地工作，为他人、为世界创造出了价值，奉献出了自己。即使他们不是我的父母，也值得我爱。更何况他们是我的父母，更值得我珍惜。

新时代家庭的情感，是以友谊为第一基础的。比如，古罗马哲学家西塞罗说："由于友谊蕴含极多的和极大的裨益，因而它比一切都优越，它能用美好的希望照亮未来，它能弥补心灵的创伤，挽救心灵的堕落。"

家庭中的友谊，包括家庭亲属之间的友谊，也包括家庭成员和非家庭成员的友谊。由此将狭义上生活的小家庭，拓展为广义上精神的大家庭，从而在双方交往中，产生更为丰富的精神生活。而非血缘成员之间，通过天长日久的共同精神生活而缔结的友谊，从新时代家庭的角度定义，则是一种非血缘关系的亲情。

新生命观，以物质存在彰显本质意义，以精神创造超越物质存在

每个生命，都是一个奇迹。生命存在的意义，尤其是人的生命存在的意义，一直

被人们叩问追寻。从不同的阶段和不同的角度看，生命的意义是不同的。

曾经，人们只追寻成功的人生，正如俗话所说：吃得苦中苦，方为人上人。这样的定位，一方面激发了人类创造的动力和不断向前的进取精神，另一方面也造成了片面的、单向的乃至功利的人生态度。

当人类文明进一步发展时，人们逐渐厌倦了在恶性竞争中彼此倾轧，开始认为生命并不需要其他意义，生命存在本身就是意义之所在。这种生命意义的发现，一方面让人类变得从容、包容，另一方面也造就了责任感缺失、不思进取，甚至虚无堕落的懒汉。

的确，生命是无法比较的。当一个孩子和一个老人生存在同一时空之内，不能说孩子的生命就优于老人的生命。对于大学生救起老人而自己不幸身亡这类事件，人们一直激烈地争论，其实就是对生命价值和意义的讨论。价值和意义，是两个不同的概念。在关于此类事件的讨论中，大学生的生命代表的是生命能创造的价值；老人的生命代表的，就是在最极端的比较之下，生命本身具有的意义。换一句话说，生命既然是奇迹，那么无论是穷是丑是老，或者患有各种疾病，在任何时刻，奇迹都是奇迹，生命只要存在，就有着生命自身的独特光芒。

可是，后者的价值观，同样造成了人们对生命价值和意义的一种含混认识，甚至形成了一种难以超越的困境：如果生命存在的意义仅仅就是生命存在本身，那么我们还需要做什么呢？每个人只需要保护自己的健康，所有努力目标都是为了活的时间更长一些，不就行了吗？

新生命观强调：生命一方面以存在本身彰显意义；另一方面，作为物质的人，肉体到最后肯定会消亡，但生命努力以创造来超越物质存在，让精神生命作为非物质的自身，让人成为精神上的人，跨越漫长时空限制而存在。

也就是说，生命的本质在于创造。在生活中创造出美好的东西，可以用叙事的方式呈现和流传；在精神上创造出一件艺术作品，就成为作者精神生命的一部分而流传。

在这样的创造中，我们认为：死不是生的彼岸，而是生的延续。若不懂得绝望是真正的死亡，就不会有生如萤火的绽放。

新生活观，以幸福为宗旨，点亮自己同时照亮他人

在生活上，我们牢记：生活是生命的横截面。

生命，是作为结果的呈现。哪怕是一个七岁的孩子，当我们说他很可爱时，表面上说的是他七岁这一刻，实际上说的是这个孩子从零岁一直成长到七岁的生命过程。只有在成长的整个过程之中，孩子接受了正确的教育，有着健康的发展，我们才会赞赏孩子当下的生命。

生活，则是生命的当下。生活是一天又一天，一分又一分，一秒又一秒，生活就是此时此刻。

牢记生活是生命的横截面。首先，我们需要重新审视生活中的奉献。我们一度将付出、奉献乃至牺牲作为生活中倡导的标准，但这一标准在实践的过程中遇到了重重阻力。人性之中永存的动物性本能，必然是利己的。就像两个婴儿在一起，如果不懂得利己，不懂得把食物抓进自己口里，那么就不可能活下来。只有拥有利己的本能，人才可能活下来。

同时，我们也要重新审视生活中的利己。有一种生活观认为，既然人的本性无法摆脱利己，那么就应该以自己好好生活作为目标。这种生活观表面上看颇有道理，赞同者为此提出佐证的观点是：每个人都利己，这样每个人把自己的日子过好了，就是所有人都好了，全世界也就都变好了。

这样的观点存在的问题是：每个人出生的起点不一样，不仅拥有的天赋各不相同，出生的时代背景、家庭环境等，也是千差万别。

最鲜明的例子，是身体健康的人和身体有残疾的人之间的区别，比如盲人。我们在世界上所筑造的一切，绝大多数并不以服务盲人的标准来建设，而以服务视力正常者的标准建设。所以，作为一个视力正常的人，生活在这个世界里，一切设施都可以自如使用，在无形之中，就可以享受各种良好待遇。一般人视这一切为理所当然。但是，作为盲人，生活就会举步维艰。

设想一下，如果所有人都是盲人，所有人都需要用听觉和触觉才能够感知事物，

到处都存在盲道，世界也是以盲人的标准来建设的……那么，我们的世界，还会是今天这样吗？正因为盲人是不幸的，他们也就丧失了很多为自身争取权利的机会，也不可能仅凭自己的力量，单独为自己另外建设一个世界。

可见，以过好自己的日子为最高标准的生活，并不是对所有人提供保障的标准。新生活观强调的，是以幸福为宗旨，点亮自己同时照亮他人。

以幸福为宗旨，其中就包括利己。自己的幸福，是所有人幸福之中不可或缺的一部分。与此同时，我们在生活中，应该有超越个人生活的要求，能够明确意识到，自己不仅希望点亮自己，也愿意发散自己的光芒，心中存有"我希望照亮他人"的意愿：作为父母，可以照亮孩子；作为孩子，可以照亮同学；作为同事，可以照亮团队……只有心存主观意愿，才会有意识地分享。

生活就在当下的每一时每一刻。如果一方面能够做好自己，成就自己，另一方面有意识地呈现美好、绽放光芒，乐于和更多人分享，那么这种获得幸福的过程，就是双重的，就能使人感受到更强烈的幸福感。

新育人观，以自我挑战为路径，人是一个同心圈

正如叶圣陶所说，教育是为了"不教"。能够培养出学习自主、成长自律的孩子，是每位父母的心愿。在育人观上，这意味着需要协助孩子找到明确路径和最终目标，这样才有实现这种心愿的可能。

自然生态中的弱肉强食，和人类社会中的丛林法则相对应。所谓人类文明，是为了改进纯粹自然生态中的野蛮竞争，建立起和谐共赢的新世界。

在新育人观中，摒弃了为了和他人比较的淘汰式竞争，倡导每个人和自己竞争、和时间竞争，科学客观地评价自我、分析自我，通过挑战自我，最终发现自我、重塑自我，实现一种自我建构式的成长。由此，每一次竞争的最后，不是结束，而是开始，是开始新的成长旅途，是通过和自我竞争，再次发现自己的优势与不足，向明天迈出新的一步。

由此培养出完整意义上的人——一个同心圈。圆圈中心，是个人，外圈是家庭、

机构、国家、人类，最终是天地、宇宙。既有圆圈中心的个体之实，又有外圈的格局之大，人的内心由此拥有强大的精神力量。

这样的努力，在"精致的利己主义者"成为时代疾病之时，能够通过新家庭教育，精心培养出"利人主义者"，也就是对自己有利同时对他人有利的人——既利人，也利己；既有人性之本真，也有胸怀之博大。

所以，新育人观以自我挑战为路径，以成为同心圈为目标。每个人不断自我挑战，不断从内在打破自己，迎来真正的成长。

人类曾经被区分为英雄与大众两类，如今被重新诠释为精英和平民两类。新育人观却意味着每个人都可以成为精英——能够在行走中，不断锤炼生命的精华；在挑战中，成为战胜自我的英雄。

新儿童观，以平等为基石，解放父母和孩子

我们习惯性地以成人的目光来开展家庭教育，却少有人站在孩子的角度来辨析家庭教育。其实，只要父母能够主动回忆、剖析自己的孩提时代，能够以一个孩子的心来重新发现并建构生活，家庭教育中的许多误区甚至雷区，都可以轻而易举地避过。

平等是协商，听从正确的意见；平等是妥协，非原则问题各有让步。新父母意味着新身份——做父母前，先做朋友。做孩子的好朋友，是成为好父母的前提。人们把父母应和孩子成为朋友的话挂在嘴边，却难以真正落实，是因为父母没有遵循平等这个朋友间的首要原则。

也有父母说："我和孩子很平等，我几乎都听他的。可现在只要我不顺他的心意，他就跟我哭闹。"只听父母的或只听孩子的，都不平等。在防止父母倚老卖老时，也要杜绝孩子倚小卖小。只有这样，才能赢得双方的解放：解放父母才能解放孩子，解放孩子就能解放父母。

平等，就意味着父母在孩子面前放下父母的架子，不把自己视为父母，而完完全全是和孩子一样平等的人。父母要把孩子视为一个真正的人，而不是自己的某一部分。为什么妈妈普遍比爸爸更容易焦虑？不仅因为女性普遍在天性上更为细腻敏感，同时

因为从生理上来说，曾经拥有过的母子浑然一体的过程，会强烈地影响人的心理。

与孩子平等，孩子就会在平等相处中，不被父母阻碍视野，而把眼光投向父母之外的广阔世界。这有助于孩子开阔自己的心胸，早一点走到世界之中，把世界作为自己的家庭。

与孩子平等，意味着对孩子信任，相信孩子对成长的渴望，相信孩子纠错的能力，也随时提供适度和必要的帮助，从而让父母能够在家庭教育中解放自己。

自由与权威的对立性，是教育之中的一个永恒难题，也是自我教育得以走向自我挑战、自我超越的根本动力所在。在家庭中，父母是权威；在教室中，教师是权威。如何处理父母和教师的权威与孩子的自由之间的关系，是最大也是最微妙的问题，直接影响孩子创造力的旺盛与否。平等，是挖掘创造潜能的利器。

新亲子观，以儿童为师，不断叩问本源而共同成长

著名教育家蒙台梭利说过："儿童是成人之父。"对许多父母来说，可能对这句话感到有些不可思议，甚至无法理解。或许正因如此，在生活中，这句话更多作为一个哲学观点被人采纳，而没有作为家庭教育原则被人们践行。

在新家庭教育中，我们希望用更平实、更客观的语言，来定位这一原则，即以儿童为师。

在亲子关系之中，尤其是在新家庭教育之中，为什么要以儿童为师呢？

人生是一段漫长的路程，一个人的成长，就是在世界之中不断学习的过程；人生价值和意义的实现，就在于为世界不断创造和奉献。创造来自哪儿呢？它首先来自对"世界本来应该是那样"的一种想象。世界本来应该是那样，而世界并没有那样，在两者的落差之中，一个人开始了努力：需要知识就学习知识，需要技能就练习技能，需要合作就和他人交往，由此展开了有意义的一生。

经过无数人的努力，人类社会不断地向前，在经历漫长的历史演变后，促成了当下的繁荣。正因如此，我们常常觉得当下的生活已经不错了，一切美好都来得那么理所当然。可是，就是这个"理所当然"在扼杀着我们的创造力，扼杀着我们的行动力，

扼杀着我们对幸福的不断追寻、对生活的不断改进、对世界的不断探索的心愿和能力，最终也就扼杀了我们对幸福的感知。

举例来说，如果有一个身处贫困山区，家中一无所有，从来没有看到过外面的世界的孩子，突然有一天得到了一台电视机，能够从中看见外面的世界，那他会不会开心，会不会觉得幸福？答案是不言而喻的。同时，对于不仅拥有电视机，还拥有电脑、手机的你来说，如果没收你的手机，只让你拥有电视机，你会觉得幸福吗？答案也是不言而喻的。

儿童来自另一个世界。我们眼中习以为常的世界，对于儿童来说，是完全陌生的。所以，儿童才会在成人的习以为常中，不断发现新的事物。儿童不仅能看见成人忽视的事物，还能够用最单纯的心灵和眼睛，看出"世界本来应该是那样"的本质。

以儿童为师，我们就能够看见儿童能够看见的：世界本来应该是美好的，现在还有丑恶；世界本来应该是永恒的，现在充满破碎和别离……世界本来应该怎样，是一把标尺。儿童的眼睛，提供给父母从本质上来衡量世界的标尺。父母学会透过被尘埃遮蔽的事物，从本质上看待这个世界，再加上他们已经拥有的能力，自然可以更好地改善生活，创造更多财富；同时，也就能够更好地赢得新的未来，拥有新的世界，使亲子关系成为取长补短的学习共同体。

以儿童为师，也意味着我们生活在长辈向晚辈学习的后喻时代，需要换一种角度开展家庭教育。父母在孩子面前充当全知全能的神，不仅自己辛苦，而且这样培养的孩子，要么容易盲从，缺乏探究精神，要么会在发现父母其实也有不足后，因精神支柱崩塌而走向逆反。当父母以孩子为师，就意味着孩子主动探索，父母助力其成长。双方共同成长，必然建设出温暖幸福的家庭。

新文化观，以个性整合取舍中外文化，重建自信

真正的家庭，不仅是吃喝拉撒睡的凡俗生活之地，更是一个文化场所。真正的家庭，不仅要让人的体魄强壮，更要滋养人的灵魂。真正的家庭，不仅是休憩，更是加油。

在真正的家庭里，有精神的自如交流、行动的彼此配合，有经验的总结、教训的

反思，也有生命的延续，将希望如火种般传递。

建立真正的家庭，有赖于家庭文化潜移默化的影响。而文化自身是不可以作为文化而存在的，只有对人发生影响，文化才得以彰显。文化对人各方面的影响无孔不入，却又极为缓慢。文化表现出的是一群人生命共同属性的呈现，体现出的是一个家庭的形象。

中国是一个特别重视家庭的国家，家文化源远流长。但是，传统文化的断裂已经是不言而喻的现实，现代文明的推进仍在艰难进行中。汲取和传承中华优秀传统文化，是对中国现当代文化的梳理、筛选和发展，是这个时代面临的艰巨使命。

以传统文化的传承为例，我们可以发现不同群体以不同标准进行着不同的努力，但有许多努力都是剑拔弩张的对立。有的人认为重新穿汉服，三跪九叩，大段背诵古文，才是传承传统。有的人认为传统文化建立在巫术之上，是一种迷信的文化。他们历数千年历史中的阴暗之处，对传统文化进行强烈抨击。当然，在这两种极端之间，各种程度不同、众说纷纭的方式与解读，不一而足。

德国哲学家雅斯贝尔斯认为："古典时代具有双重意义，正是由于我们与古典时代相关，我们才成为德国人；如果抛弃古典时代，我们将变成粗野无礼之人。另外，如果我们带着批判的眼光去看待古典时代和抛开错误的陶冶世界，我们才能站在时代共同地基的真实中。"对于"陶冶世界"，雅斯贝尔斯进行的界定是："陶冶并不是让人们习得自我实现的本领，而是停留在表面的理解、更多的是学习知识上。"这段话，也正适用于当今的中国家庭文化建设。传统文化具有双重意义，正因为我们与传统相关，才成为中国人，如果彻底抛弃传统，我们不仅不是中国人，也不再是文明人。同时，只有带着审视的目光去选择和汲取，我们才能在自己生活的时代，真正传播和创造文化。

在新家庭教育之中，我们需要做的，既不是一味拥抱传统文化，也不是一味批判传统文化，更不是一味把西化视为现代化。以家庭为单位，进行文化的选择与传承，更适合以个性来整合取舍。比如，同样是传统文化，激情洋溢的孩子，会对"天下兴亡，匹夫有责"的儒家文化更感兴趣；谦和率真的孩子，会觉得"兼相爱，交相利"的墨家文化更合禀性；刚毅正直的孩子，会对"不别亲疏，不殊贵贱，一断于法"的法家文化更为亲近。同样是西方文明，欧洲文化和以欧洲文化为源头的美国文化发展至今，都有众多差异。家庭需要的，是从诸多不同文化之中，尤其是从有时甚至截然相对、彼此互补的文化之中，从人的天性出发，以人的成长所需来进行个性化取舍。在这样的甄别、取舍中，通过家庭成员之间的彼此交流沟通，建立起一个家庭的文化自信。作为家庭形象的外显，家庭文化最终或者温和平静，或者激情洋溢，或者淡泊超然，或者温馨甜蜜……这些形形色色的家庭，最终共同组成了丰富多彩的文化。

这样由形形色色的家庭文化组成的，也就是我们期待的现代中国文化。只有在这个基础上，才会在文化传播中实现文化的再次创新，才有可能迎来中华文明的复兴。

新科学观，让科学成为新父母的钢筋铁骨

在工业时代的发展进程之中，中国只是一个追赶者。文艺复兴激活了科学大发展，以真理、真知、真相之真为最高追求的科学精神引领世界文明大步向前。在五四运动中，人们呼唤"德先生"和"赛先生"，渴望以民主和科学两大支柱，建立现代中华文明体系。

在时代的变迁中，传统"男尊女卑、父为子纲、夫为妻纲、长幼有序"的原则被民主取而代之；由一名年长男性为塔尖、等级森严的金字塔式家庭模式，演变为基本上两性平等、夫妻共同主导，甚至原本属于年长者的家庭权力由年轻者拥有的局面。中国的家庭文化发生了巨大改变。

可是，在家庭建设中，科学依然长期缺席。在各种现象中，我们都能发现科学缺席导致的家庭生活恶果。比如，健康科学缺位会导致老年人被不良商贩引诱、蛊惑，服用劣质健康营养品，反而丧失了自己的健康。如今物质生活变得丰富了，儿童吃得多，身体素质却下降了，胖的小朋友像小胖墩，瘦的却像豆芽菜。这类情况比比皆是，都是因为不具备基本的健康科学常识导致的。

还有教育科学的缺位。教育办法有千万种，有效实施的前提是正确认识自己的孩子。比如，赏识与激励，对于一个羞怯内向的孩子来说，必须成为家常便饭，但对于一个盲目自信的孩子来说，则必须格外谨慎。身为父母、与孩子朝夕相处的你，真的了解自己的孩子吗？面对形形色色的教育理论、教育方法，以及各种各样的兴趣班、补习班，父母懂得如何选择吗？缺乏基本的教育科学，不懂基本的判断标准，就会为

了选择、为了明天而焦虑。

新家庭教育，必须树立新科学观。在新时代家庭的科学中，还包括心理学、经济学等各种学科。只有让科学成为新父母的钢筋铁骨，以科学来建构家庭，才能够支撑起整个家庭的科学发展。

新发展观，以激活当下拥抱未来，让家庭超越时空延续

在历史长河中，现在的中国家庭是数百年以来最为平静幸福的家庭。因为我们告别了战乱，物质生活水平也达到了前所未有的高标准。

当下的家庭发展，通常以横向层面展开：父亲和母亲的工作和生活、这一代人积累的财富，形成了一个平台。

也正是这个看似有所支撑的财富平台，成了烦恼的根源：父母如何把自己积累的、拥有的财富，传到下一代手中？父母拥有的房子、车子、票子等财富，从内在来看有可能会坐吃山空，从外在来看又可能随形势变化而起落，能够传承给孩子的十分有限，并不能够确保孩子的成功与幸福。

新发展观意味着重视当下。每个当下就是每天的生活。重视父母在当下如何创造财富，重视孩子在当下如何习得技能。重视当下意味着要认真度过每个当下，并把过去的每个日子认真梳理，以这样的心态与方法，实现从家庭到家族的转变，拥有更从容的心态，以明确目标激活当下，让当下与明天无缝对接，从而拥抱未来。

新发展观意味着重视精神。俗话说"富不过三代"，意思就是物质财富的传承难以长久，祖辈传下的家业很容易被子孙坐吃山空。但是，一个家庭流传给后辈的精神和以生命践行与佐证的家训、家风等，却可以超越时空而延续。

尽管已经进入了信息时代，中国社会处在不断更迭之中，但有一句话却一直在流传："荒年饿不死手艺人。"类似的话还有"技多不压身"等。当我们把真正的精神上的财富传给后代的时候，家庭就在时空之中发展，在一代又一代人中发展。

新发展观，不仅是让父母看到长远发展，不再焦虑，更重要的是牢记长远目标，更加珍惜现在，通过科学的发展之路，更好地创造家庭的未来。

谁重视经济，谁就拥有了现在；谁重视教育，谁就拥有了未来。国如此，家亦如此。

　　教育是一种科学研究，更是一种行动探索。尤其是家庭教育，无论父母是否愿意，日常生活的一言一行，都在对孩子进行着潜移默化的教育。

　　通过对家庭和教育的反思，我们希望能够对新时代背景下的家庭教育进行一次梳理与总结。在这里，与其说提出了新家庭教育观，不如说围绕家庭和教育、大家庭与大教育，提出了一系列问题。关于这些问题的思考，哪怕是思考中的某一点，如果真正作用到一个家庭之中，作用于一个父亲、母亲或孩子身上，它就具有了原本并不具有的重大意义。

　　新家庭教育观，也只有在一个又一个家庭的践行之中，在一个又一个观点的矫正之中，才会逐渐诞生。新的家庭，就在新父母这样的努力中不断呈现。新的世界，就在我们共同坚持的行动中，从蓝图逐渐成为现实。

七　生命是教育之根　新生命教育的价值

在日常生活中，许多事物之所以被人们视为理所应当，甚至被视为永恒不变的真理，往往不过是因为相对于世界的广博、社会的演变而言，人类的生命实在太过短暂，人类的目光太过短浅。

比如，对知识的极端推崇，只是工业时代对人的要求。每个人都需要掌握一种专业技能，成为社会机器上的一颗螺丝钉、流水线上的一道工序。教育为了回应时代的要求，才逐步推崇知识第一。

人类的发展，正从工业时代向信息时代突飞猛进，知识第一的弊端由此显现。最直观的表现是当下少年儿童对生命的漠视。无论对自我的放逐甚至轻生，还是对他人的霸凌和伤害，都已经成为教育之痛。可是，更沉重的问题其实是隐性的，那就是在全社会蔓延的生命意识的淡薄：对生命缺乏敬畏，病情反复可以酿成激烈的医患纠纷；对生命缺乏尊重，懵懂的孩童能够引发教师的凌辱；对生命缺少关怀，把行业赋予自己服务他人的职责变成要挟他人的权力……如此种种，不仅因为制度的缺失，更因为教育从根本上缺少了时代前进需要的力量——敬畏生命。

从知识第一到生命第一，将生命视为教育的根本，这不是简单对教育缺失的补充，而是回应信息时代对人的全新需求。

1979 年，澳大利亚悉尼成立了全世界第一个"生命教育中心"，这标志着生命在教育之中被重新认识。数十年以来，生命教育的价值和意义，被人们逐渐发现和认可。

在发展中，生命教育的形式可以分为三种。

狭义的生命教育，主要针对生命中遭遇的重大问题而开展，如死亡、伦理、宗教等教育。广义的生命教育，则是生命化的教育，主要是从生命这一视角出发，重新审视教育，力图将对生命的认识贯穿于教育的所有领域和环节。一般意义上的生命教育，指的是关于生命的教育，即通过关注生命中的重大问题，帮助人们认识自我，理解生命的本质和意义，从而尊重他人生命的价值，创造自我生命的价值。

相对而言，只有把生命教育定义为关于生命的教育时，才能整合广义和狭义生命教育的优势，对人的生命进行更为丰富的诠释。

如今，已有许多教育流派以不同形式对生命教育进行探索。其中，新教育实验在新生命教育课程构建中，以"拓展生命的长宽高"作为新生命教育的追寻目标，把人的生命分为自然生命、社会生命、精神生命。

整体大于局部之和。真正的生命，显然超越了这三者的简单叠加。可惜的是，工业时代是科学精神大行其道的时代，无数新知识被发现，将社会发展向前迅猛推进。与此同时，在教育中，教师往往成为传授知识的工具，学生往往成为接受知识的容器，从而只见知识而无视生命，重教书而轻育人。后现代主义思潮对传统的解构，更是加速并恶化了这一局面，由此导致无论国外还是国内，无论学校还是家庭，无论教师还是学生，漠视生命的极端行为屡见不鲜，忽视安全健康的各类做法比比皆是，消解人生意义的现象普遍存在。

在这样的背景下，生命教育的推进，首先需要父母或教师这些教育者自我觉醒。如此，让生命教育在家庭和学校中携手开展，意义非同一般。

对个体而言，只有生命教育，才能把碎片化的知识统领融合为智识，才能真正实现生命的超越

因为科学在近现代取得了长足发展，因为越来越深入、越来越专业化的研究，人们获取的科学知识在数量上已经今非昔比，而且还在呈几何级数继续增长。受到适宜的教育，对人也就变得越来越重要。

科学发展的专业化，意味着这些专业化知识通常是以割裂事物的整体、剥离存在

的背景为代价而获得的。这些知识自身往往并不能互相连接，学习这些知识的人只有在完整掌握知识后进一步融合知识，才能建构出自己的知识体系，才能形成在生活中把握和运用这些知识的能力，才能让生命真正被这些科学的成果滋养。

因此，对于教师而言，生命教育意味着教育不再仅仅是一份工作。现在的教师在接受教育的过程中，已经存在生命教育这一环的缺失，而通过学习生命教育，教师首先能够明确自身的三重生命，从长度上致力于对健康的维护，从宽度上倾力于对视野、心胸的扩展，更重要的是从高度上重拾生命的意义。教师不把工作仅仅视为谋生的手段，就不会把自己视为学生的对立面，就能以教育之经、生活之纬，以自我之经、学生之纬，编织出生命的锦绣，在教学生涯中自我成长，体会到教师的尊严，获得教学生活的幸福。

同时，对于学生而言，新生命教育不仅意味着打牢地基，拥有一个健美的身体，也意味着各种分散的知识，通过教师对生命的诠释，通过自我生命的体悟与发挥，被整合起来，成为不可分割的完整智识。当学生能够在学中用、用中学，学习就不再是一潭死水，知识就能够像泉水一样汩汩流淌，不断浸润心田，学生自己也会体会到学习的愉悦，获得幸福的求学生活。

无论教师还是学生、大人还是孩子，只有充分体会这样的幸福感，才会产生热爱，才会产生真正的孜孜不倦、梦寐以求的探索和追寻，才会出现生命不断的自我超越。

对生活而言，只有生命教育，才能弥合后现代主义对生命的消解，才能创造幸福完整的教育生活

在英文中，生命与生活是同一个词：life。的确，生活的不同侧面分别呈现出生命的各个层面。生活为生命提供成长的养分。生命集中体现出完整的生活。生命做出的抉择，也深刻地改变着生活。

但在现实生活中，生命正在被肢解与割裂：流水线加速了生产进程，却也把活生生的人异化为整体流程中的一个零件；城市保障了人的舒适生活，却也破坏了人和自然之间的关系……这些具体而微的变化，又遭遇了后现代主义思潮的冲击。从积极意

义上表现为解构权威、自由包容的后现代主义思潮在现实挤压下变形，呈现出反理性、反人文的消极一面，对生命的意义、存在的价值产生了本质上的消解。在这样逐渐麻木的心灵中，日子成为机械重复的单调数据，生活逐日成为虚幻的情境，生命自然成了毫无意义的存在。

生命教育的本质，正是希望通过教育的积极干预，恢复生活的活力，实现生命的圆满。只有对三重生命同时关注，教育才可能完整；只有对三重生命共同提升，人们才可能幸福；只有在这样的基础上，生活才能被重新整合为一个有价值的整体；只有过这样的生活，人生才能从有限的存在中实现无限的超越。

对人类而言，只有生命教育，才能恢复对生命的敬畏，才能创造存在的价值，才能真正拥有未来

人，被誉为万物之灵。然而，没有任何生物像人这样，不仅残害剥夺其他生物的生命，还更为残酷地杀戮同类。

近年来，网上盛传这样一个故事：一位"二战"期间在纳粹集中营饱受折磨的犹太幸存者战后成为一所中学的校长，他给每位新教师都写了一封信，信中写道："亲爱的老师，我是一名纳粹集中营的幸存者，我亲眼看到了人类不应当见到的情景：毒气室由学有专长的工程师建造；儿童被学识渊博的医生毒死；幼儿被训练有素的护士杀害；妇女和婴儿被受过高中或大学教育的士兵枪杀。看到这一切，我疑惑了：教育究竟是为了什么？我请求你帮助学生成长为具有人性的人。你们的努力绝不应当被用于创造学识渊博的怪物、多才多艺的变态狂或受过高等教育的屠夫。只有在使我们的孩子具有人性的情况下，读写算的能力才有价值。"

这个故事是真是假并不重要，重要的是它一针见血地道破了教育的危急处境：当教育和生命分离，不仅生命会失去自我实现的价值，教育还会成为残暴的帮凶。

如今"二战"已经成为历史，但这一教育困境换了一张面孔，正潜伏在我们周围。无论"独狼式"的恐怖袭击，以孤身只影持有高杀伤武器行凶，还是恐怖组织、非法武装精心筹划的人间惨剧，或者是一些人因忠诚于某种信仰而向他人举起屠刀，这些

事件中的行凶者都完全丧失了对生命起码的尊重。

除此之外，还有愈演愈烈的环境问题。联合国早在 1982 年 10 月 28 日通过的《世界自然宪章》中就指出："生命的每种形式都是独特的，不管它对人类的价值如何，都应当受到尊重。为使其他生物得到这种尊重，人类的行为必须受到道德准则的支配。"人类在世界上并不是孤立的存在，而是依靠各类物种形成的生物链，得以栖息与繁衍。但是，如今全世界的物种正在以惊人的速度灭绝。据 2015 年 6 月的英国《卫报》报道，科学家警告，20 世纪物种灭绝的速度可达人类活动出现前的 100 倍，现代世界正在经历物种的"第六次大灭绝"，而上一次类似的灭绝事件终结了恐龙时代。之所以出现这样的状况，原因是复杂的。但毋庸置疑，其中的一个原因是，人类并没有把许多生物视为生命，因此随心所欲地虐杀它们。

这样发展下去，人类还能延续多久？未来究竟是否可能到来？面对时代抛出的难题，我们该何去何从？生命教育对此做出了回答：只有把生命视为教育之基，不仅从教育哲学上认可，还要从教育技法上落实，人类才可能将生命存在的意义与科学的日益精进真正连接起来，科学才会成为人类前进的动力，而不是阻力。

对教育而言，只有生命教育，才能立足当下重现教育本义，才能朝向未知激发无穷潜力

正因为人的生命具有三重属性，人必须通过教育才能成为真正意义上的人，因此，教育是生命成长中不可或缺的一环。

错误的教育，不是发展每个生命，而是刻意加大了人与人之间的差异：在学校里，把师生之间的关系变为控制与被控制；在社会上，人与人之间的关系也同样如此。因为生命意识的缺失，教育已经走向了它的反面。

但是，当时代发展到今天，当慕课、翻转课堂等全新的教学手段重新演绎知识的传播时，教师的存在又有何意义，教育的存在还有何价值？

只有在此情况下，我们才能深刻意识到：生命教育，不仅能对教育者产生积极作用，同时也在恢复教育的本来面目，让教育自身重新获得价值与意义。

知识传播固然可以通过科学技术进步而日新月异，但人格的培养、价值感和意义感的形成，却只有在人与人之间才可能进行。

——没有自然生命的前提存在，其他一切都是泡影。

——没有社会生命彼此滋养，人和人都是彼此分散的孤岛，任凭时光的潮水拍打，最终烟消云散。

——没有精神生命卓然屹立，一代又一代人也就只是一艘又一艘满载希望出发的船舶，失去了灯塔引领，只能在茫茫海面上无助地打转，不仅容易遭遇暗礁沉没，甚至在碰撞中可能成为彼此的暗礁。

通过努力，生命教育希望实现对潜能的悉心呵护，让生命有更为丰富的可能。生命教育希望让生命如其所是地舒展，让生命能够更为充分地自我实现。生命的舒展，不同于生命的自然呈现。纯粹的自然是放任自流，是对教育的废弃。生命的舒展是指经过引导，生命个体能够在自由与纪律之间、在动与静之间找到平衡状态，并自如展现，如此避免一个生命对另一个生命，尤其是一个通常意义上的优秀个体对一般个体的压制甚至控制，以保障对生命的根本尊重。

我们对生命的尊重，是对未知的尊重、对未来的尊重。尊重和包容不同。包容是一个人内心已经存有对是非对错的判断，在己对人错的情况下，自我的道德升华。尊重却是对不同甚至相反意见的认可，是对自我的挑战，是对差异化、多样化、复杂化的敬畏。尊重是从"己所不欲，勿施于人"到"己所欲，亦勿施于人"的飞跃。只有尊重，才能产生敬畏。父母尊重生命，才能视孩子为独立的个体，才能避免以爱侵犯自由，才能确保以智慧保驾护航。教师尊重生命，才能敬畏生命、敬畏童心，从而积极进取，真正平等地对待学生。学生尊重生命，才可能真正自省与尊师，从而主动汲取教育的养分，最快成长起来。这样基于平等之上的尊重，是所有生命之间和谐共存的根本。

尊重生命，意味着懂得了重视过程、淡化结局。生命过程的幸福完整，本身就是结局，而通常意义上结局的幸福完整，是每一段过程中的幸福完整的体现和累积。因为尊重生命，所以我们会更加强调独立自主，更加理解个体的自我感受；因为尊重生命，所以我们会更加尊重多样性的存在，尊重多元化的思考。

人的存在，不仅仅是肉体的物质的存在。人的生命，是自然生命、社会生命和精神生命的综合体。正是后两者的出现，让人的生命有了超越的可能。

自然生命，是前提。人活着，本身就是生命的目的之一。

社会生命，是丰盈。人是孤独的，个体和个体之间就像一座又一座孤岛，依靠社会海水取得联系，互相依存。

精神生命，是灯塔。总有一些人，因为先天与后天相得益彰，生活在一群人之中，汲取了众人的智慧，淬炼出自我的精华，更加充分活出了生命的意义，从而成为人们对照以改进自我的范本。

我相信，无论教师、父母还是学生，一旦清晰认识到这三重生命的存在，认识到这三重生命是教育的基石，就必然会推进行动上的改变。

在生命教育中，教师、学生、父母三方形成的关系不是对立的，而是统一的，三方彼此依存，是一个生命共同体。只有三方平等，齐心协力，生命之间才能出现积极的碰撞、有效的交流、相互的促进，共同朝向让自己成为最好的自己这一目标前行。

因此，一方面，教师和父母要积极学习，努力让自己成为最好的自己，成为最好的教师、最好的父母，从而开展最好的生命教育；另一方面，人无完人，最好的永远在明天，永远不存在一个最好的自己，教师和父母如果能够与孩子彼此尊重、平等相待、互相激发、共同成长，就已经是最好的教育者。

对于教师而言，以生命教育为基，意味着教育不仅仅是一份工作，恰恰相反，工作是自身生命的一部分。如此一来，在工作中更容易唤醒生命的尊严。

对于父母而言，以生命教育为基，则意味着家庭教育并不仅仅是维持自然生命的吃喝拉撒睡，同时还应该注意社会生命的拓展、精神生命的提升。

对于学生而言，以生命教育为基，首要的是保证自然生命的健康；与此同时，社会生命为当下搭建了更宽广的平台，精神生命给未来提供了更清晰的标杆，对社会生命和精神生命的认识，自然会促进对自然生命的珍惜。

以生命教育为基，将教育牢牢扎根于生命之中，并不意味着知识不再是我们倾力探索世界的工具，只不过通过生命这一活生生的载体，我们将以美与善的方式诠释和运用知识，从而不断超越自我，改善世界。

八　艺术让人成为人

艺术教育和艺术思维

艺术教育在中国，可谓源远流长。

据《尚书·舜典》，舜帝对艺术教育有着如下见解："帝曰：夔，命女典乐，教胄子。直而温，宽而栗，刚而无虐，简而无傲。诗言志，歌永言，声依永，律和声。八音克谐，无相夺伦，神人以和。"如果说该书记载着传说中尧舜之时的故事，却完成于西周至春秋之际，未必可信，那么出土的甲骨文卜辞中记叙的"戒教"，则让研究的学者们得出了我国殷商时期已有艺术教育的定论。

更重要的是，因为艺术教育，中华文明在漫长岁月中，积累沉淀出了独有的文化底蕴——乐感文化。

中国最初的艺术教育形式是"乐教"，发端于2100多年前。这里的"乐"不是单纯指音乐，而是综合了乐、歌、舞、诗等多种表现形式。《论语·泰伯》中"兴于诗，立于礼，成于乐"之语，是孔子对此进行的绝佳定位。

兴、立、成，是人生的三个阶段，独立来看，是每个阶段各自的圆善；整体来看，三者之间又存在递进关系。诗、礼、乐，是教育的三种方式，通过这三种方式，教育可以帮助人在三个阶段达到三种不同的境界。"乐教"成为"乐感文化"的重要基础，"乐感文化"是由我国著名美学家李泽厚提出的用来形容中国美学特征的一个重要概念，意指对人生积极肯定，以追求现世幸福为理想目标，从而达成人与社会和谐的一种文化，使中华文化从本质上区别于西方的"罪感文化"。

孔子提出"乐也者，动于内者也；礼也者，动于外者也""乐所以修内也，礼所以修外也。礼乐交错于中，发形于外。是故其成也怿，恭敬而温文"，把艺术教育视为育人的终极教育。老子和庄子强调"大音希声""大美无言"，认为臻于化境的艺术教育无处不在。汉代"饥者歌其食，劳者歌其事"，记录艺术和生活的融合。王国维站在一个裂变纷乱的时代关口，也站在中西文明的交会口，探讨一个饱经忧患的中国人审美化、艺术性的存在，并提出了诗意化的表述与参照。蔡元培站在中国传统文化的土地上，向未来的星空发出"我向来主张以美育代宗教"的呐喊。李泽厚以《美的历程》进行回应……从古至今，这一路，国人余音绕梁。

在西方，这一发展历程则是从柏拉图的"理念论"开始。托马斯·阿奎那将柏拉图的"最高理念"换成"上帝"，把上帝作为至真至善至美的最完整统一。近代理性主义创始人笛卡尔从"我思故我在"出发，将心灵与物质分开，把自我、上帝和物质视为不同本质的并存的三者。康德对人类精神进行全面反思与批判，深刻揭示出纯粹理性的局限，将"美"推到了前所未有的高度。接下来，还有黑格尔、卢梭、萨特、杜威、海德格尔……

在人类历史中，探寻艺术的过程几乎就是一件动人心魄的行为艺术作品。难怪美国第二任总统亚当斯感慨："我们这一代不得不在马背上从事政治和军事，为的是我的儿子一辈能够研究数学和哲学，为的是我的孙子一辈能够从事音乐和舞蹈工作。"

通常的艺术教育，分为狭义和广义两种。

狭义的艺术教育，是指对艺术进行理论和实践的教育，其目的在于研究各种艺术理论，培养各类艺术技能。这种艺术教育，也与狭义的艺术定义相对应。

广义的艺术教育，更重视让人拥有艺术品位，具有艺术精神。这种艺术教育，正与广义的艺术定义相对应。

狭义的艺术教育以研究和实践为导向，过于精专，注定只面向少数人。艺术本来是对抗功利的武器，可是，狭义的艺术教育因其狭隘的艺术观，恰恰最容易导致艺术教育堕入功利化。持有狭义艺术观的艺术教育，即使在深度和高度上有所成就，那也是建立在"牺牲"绝大多数人的艺术教育这个基础之上的，绝非我们向往的艺术教育。

但是，狭义的艺术教育在细致、精准、深入上，尤其是在强调动手实践上，对艺术教育的开展，有无可取代的重大效用。

广义的艺术教育从表面上看注重艺术素质培养，让艺术在教育中去功利化而得到正确回归。事实上，艺术内涵必须通过恰当的教育方式才能真正被人们掌握。因此，广义的艺术教育重内涵轻技能，在实际开展中很难找到稳固的抓手。这样的艺术教育很难深刻，也就很难深入，很容易成为无源之水、无本之木。它可以短暂浸润心灵，间歇闪现风景，却无法成为滋养生命的不绝源泉，无法成为根深叶茂的参天林木。

不过，广义的艺术教育在目标上，为狭义的艺术教育指明了前行的方向，深刻拓展了艺术教育的新领域。

所以，我们主张的艺术教育，是狭义的艺术教育与广义的艺术教育的结合。我们还需要跳出艺术教育作为教育分类之一的窠臼，回归教育的本质和艺术的特质，完全从人的需求出发而思考。此时，我们不难发现，要想实现人之为人的存在，艺术不可或缺：生活得幸福完整，本身就是一种生活的艺术；生命超越时空限制，在生存的此刻获得永恒的价值与意义，是一种存在的艺术。

如此以人的生命来统领艺术教育的所有问题，我们目光汇聚的焦点，就会是长焦、短焦自动可调的；如此就会整合广义与狭义，兼顾整体与个体，既有远景可期，又操作可行；如此就会在各种专项技术的精耕细作中，因对其技术背后的意义与价值了然于胸，从而愈发细致而深入地提升技术，由技术抵达艺术境界，同时又不至于陷入具体细节中无法自拔，因某一技艺出类拔萃造成对教育整体的分裂与异化。

说到艺术教育，自然离不开人类对真、善、美的探索。

真、善、美，超越了国家、民族、文化等一切阻隔。古往今来，无数大哲先贤从不同角度，以不同侧重，对其进行论述，由此尽显自己的思想。在定义、思考和寻求真、善、美的道路上，我们既没有必要也完全不可能一一罗列、堆砌前人的观点，但完全可以肯定：对真、善、美的追寻，不仅是全人类用以实现自我的方式，而且，以科学求真，以宗教求善，以艺术求美，是全人类在发展中总结出的追寻真、善、美的有效方式。

因此，艺术思维，是艺术的一大独特价值。

随着科学日新月异地发展，人类对万物的理解越来越清晰，一个人在童年学习和掌握的知识越来越多。这些知识基本都是有序的、精确的、线性的，有因有果，有始有终。通过对这些知识的学习，儿童逐渐理性地把握了这个世界，他们的思维也因此逐渐训练为理性的思维。

艺术，却站在科学的另一极。

如果说科学是外求，是以各种工具去辨析万物，艺术则显然是内求，是以自身直觉去感应世界，以自身经验去把握世界。

毫无疑问，结合科学与艺术，让二者内外兼备地共同发展，从两极向中间并进，最终相聚在平衡点，才是最为理想的思维模式，才能更加完整地理解世界。正如席勒在《美育书简》中明确指出的，"感性的优势对我们的思维和行动的恶劣影响，每个人都很容易看出，而理性的优势对我们的认识和行为的有害影响，就不那么容易看出，尽管这种有害影响同样经常出现，而且同样重要"。

世界上不是缺少美，而是缺少发现美的眼睛。人们一旦学会用艺术的眼睛去看待世界，用艺术的思维去思考世界，也就会自然而然地用这双眼睛省察日常生活，反观自我成长，从而在心灵上发现自我，在精神上获得丰盈，在生命上感到平等，在人生中活得从容。

但是，对理性思维的开发，往往意味着对艺术思维的扼杀。难怪毕加索也会发出这样的感叹："我在很小的时候画的就像拉斐尔，可是我终其一生希望画的就像一个孩子。"为什么会这样？原因很简单：艺术是艺术家情感磅礴喷涌的产物，是经验通过直觉井喷的产品。这种过程，对年龄越小的儿童，就越发是自然的生存状态，但对成人来说，却是需要不断突破束缚才能重返的自我。

更何况，艺术教育功利色彩浓重，已经成了当下教育中的通病。

学校里的艺术教育只重视少数尖子生、特长生，把应该普遍提升的艺术素养、普遍培养的艺术思维，变成少数人的专利。

家庭里的艺术教育也不例外。父母只重视考级、加分，艺术特长名为素质教育的成果，实为应试教育的遮羞布。

人们过于重视艺术教育表象上的成功，忽视了艺术教育对内心的锻造，忽视了对孩子来说艺术教育最重要的功能，是作为一种精神体操，是训练出艺术思维。

和其他教育一样，艺术教育同样需要训练和习得，所以我们无法回避"天赋"这一关键词。对此，我们的确认为存在天赋，天赋造成在艺术与非艺术之间、不同的艺术门类之间，同一个孩子的兴趣与能力都不相同，不同孩子的兴趣与能力更是迥异。

但是，一个孩子缺乏艺术天赋、艺术能力，并不能等同于这个孩子无法从艺术教育中受益；相反，可能恰恰因为能力欠缺而起点甚低，使提升空间更高，受益更为巨大。

另一方面，美国分析哲学家伊斯雷尔·谢弗勒在《人类的潜能》一书中，从哲学、生理学、心理学多重角度，对人类潜能的概念进行了解析，其中对"潜能稳定不变"进行了批判。谢弗勒的研究指出，潜能是多变的，在今天显示出的潜能，明天可能弱化，今天没显示的潜能，明天也有可能显示。就这个角度而言，新艺术教育最重要的是保全孩子更多的可能性，就像在一片土地上耐心撒下尽可能多的种子，以期待有更多的种子在岁月深处绽放出成熟的芬芳。

学者钱初熹介绍过，艺术教育会对其他诸多教育因素产生积极影响："艺术用非一般的方法来影响通常令教师感到棘手的学生，使拖拉、旷课和辍学的现象减少了；艺术使学生之间的交往更加友好，争吵和歧视减少了，冷嘲热讽也减少了；艺术使环境变得充满发现，重新点燃那些已厌倦被灌输知识的学生对学习的热爱；艺术为各种水平的学生提供挑战，水平跨度从发展迟缓到天资聪慧，所有学生都能够自发地找到适合自己的水平；艺术让学习者融入真实的世界中，戏剧、音乐、美术、舞蹈等文化产品正吸引着越来越多的受众；艺术使学生成为持之以恒的、自我管理的学习者，而不是一个只从高奖赏测验中获取事实性内容的知识储藏库；与社会经济地位高的学生相比，社会经济地位低的学生从艺术指导中获得的知识一样多或更多。""20世纪后半叶的脑科学研究还发现，艺术是为长期教育服务的。……艺术发展的是那些需要长期积累才能发展完善的神经系统。不过，优势一旦显现，将无所不及，从精细的运动技巧到创造能力，乃至情绪平衡能力的提高都将表露出来。"

为什么会产生这样的效果？我们认为，其主因正是艺术思维训练有素。

艺术思维就如一座混沌之桥，它在万事万物之间建立起非理性的联系，尤其是诸多能够被深刻感知却又无以名状的事物，可以借由它，瞬间四通八达。我们甚至可以断言：古今中外所有取得辉煌成就的科学家，无一不是颇具艺术修养的人士。例如，爱因斯坦对音乐、文学的迷恋，早已成为脍炙人口的佳话。也就是说，我们不可能人人都像艺术家那样创作，但我们应该人人都像艺术家那样思考。

一个人如果缺乏艺术教育，就会缺少艺术思维，由此以单一思维模式去思考、去行动，对这个世界任何事物的把握，自然都无法谈得上完整；一个人如果缺乏艺术教育，就会缺乏艺术视角，以生命的有限、自我的局限，要与宇宙的无垠、时空的浩渺和世间的规则抗衡，自然很难感受到幸福。

所以，《美国艺术教育国家标准》甚至认为：如果一个人缺少基本的艺术知识和技能，那么他就不能说自己真正接受过教育。

在当下中国，如果说在学校教育中艺术教育还面临着师资紧缺、设备匮乏、观念陈旧等一系列硬件软件问题，那么，在家庭教育中，艺术教育应该被特别重视，不仅应该成为教育手段之一，还应该成为家庭日常生活中不可或缺的重要组成部分。

对家庭而言，艺术教育是日常生活的诗意化，也是道德教育的愉悦化。

家庭教育有着潜移默化、无声无息、全方位的特点。正如《吕氏春秋·君守》中所说："不教之教，无言之诏。"同时，家庭教育以日常生活为载体，活生生的现实既在累积着教育的广度与力度，其琐屑杂乱的一面又在不断冲刷、消减着教育的深度与高度。

艺术，源于生活而高于生活。因此，在家庭中有意识地开展艺术教育，首先能够让日常生活变得诗意，从而使家庭成员的生命存在，最终如同诗人荷尔德林赞颂的那样"充满劳绩，然而人诗意地栖居在大地上"。

同时，如果说学校教育的一半重心还必须放在知识的传授上，那么，对道德人格的教育则是家庭教育的最大目标。艺术作为人类丰沛美好的情感和直观可视智慧的结晶，能够直接给心灵以震荡和冲击。通过艺术教育而开展道德人格教育，则会使后者避免单调的说教，而更加灵动、愉悦。

如此一来，艺术教育能够最大限度地发挥家庭教育的优势与强项，回避家庭教育的劣势与弱项，从而搭建起一个更加美好而坚固的教育共同体。

对家庭而言，艺术教育能够弥合生活中熟悉、精神上陌生这种家庭成员之间的状态，提高家庭的内聚力和创造力。

信息时代，不仅在社会中，而且在家庭中，人与人之间表面上的距离越来越接近，但在精神上，随着选择越来越丰富，人们越来越孤独，越来越容易成为孤立的个体。

因此，家庭成员之间的心灵壁垒，需要艺术作品来打通。任何精神，只要附着于艺术作品之上，就更易得到生动的传播与广泛的认可，更易形成强大的吸附力，提高群体的凝聚力。

艺术又永远是以创新者、弄潮儿的形象，站立在每个时代之上。借助艺术思维方式，我们可以涤荡陈腐，探索本质，从而更新观念，革新思想，用新的眼光和新的方式，重新发现并改造世界，以艺术精神不断进步。

就这样，在艺术教育中，我们最终拥有了另一个视角，一种超脱的维度，人类因此得以脱离世俗的羁绊，可以仰望星空。一个人的生命，通过艺术将其他各类精确的教育进行综合，就是我们期冀的艺术教育。这是一个神圣而又愉悦的漫长旅程，我们——无论父母、教师，还是学生——都是这条道路上不归的旅人。我们将饱览这一路的风景，最终将自身化为他人眼中的一道风景。

九 尊崇人性向往美好的本能

道德教育的困境

随着教育成为家庭焦点、社会热点，媒体也趁机纷纷推出与明星教育相关的节目。近年来，以《爸爸去哪儿》《一年级》等为代表的影视明星真人秀层出不穷，也颇受人们的欢迎。

亲子类、教育类节目，如果不是仅仅邀请教育专家在看片会上点评，还能够增加一位真正的教育专家参与节目并且随时进行专业指导，那么一定会大大提高教育效果。一旦树立了教育公信力，肯定有助于收视率的长期提高。

即便这类节目以影视明星为绝对核心，其探索也值得肯定与支持。教育本身就是一个综合工程，推动教育也应该善于借力打力。借明星之力，不仅有助于推动社会教育，还有助于推动其他教育。教育需要因势利导，才能事半功倍。在这个娱乐化的时代，影视界的明星大行其道，这是客观事实。借助现实而不屈服于现实，才叫因势利导。

还有一种是各行各业非影视演员的明星，他们的教子经也受到关注。尤其是文化界甚至教育界的明星，因为本身具有较好的文笔，他们的教子文章颇受热捧。这也是一种借明星之力推动教育的做法，也无可非议。

只是父母需要注意一点：你是用明星教育孩子，还是学明星教育孩子？一个"用"，一个"学"，两者方法不同，效果也往往截然不同。

用明星教育孩子，是正确的。所有明星，哪怕是备受质疑的"官二代"或"富二代"，能够成为明星，本人也必然有过人之处。用明星教育孩子，正是利用人类的偶像崇拜心理，巧妙发挥榜样的作用。

这种教育主要有两种做法。

一种是作为父母或老师的成人，把自己喜爱的明星以及这些明星打动自己的作品和他们的成长故事，以各种方式让孩子了解。这就是两代人之间的精神交流。精神交流，并不是人们以为的端起架子、摆出神圣不可侵犯的面孔。在生活中用心捕捉的人与事，都可以成为令人心动的交流素材。

另一种，是利用孩子喜爱的明星来进行教育。父母或老师以明星的各种事迹和作品为载体，随时随地都可以进行寓教于乐的家庭教育。

这一招对于大一些的，尤其是青春期的孩子，特别见效。比如，当孩子和父母闹别扭时，父母与其苦口婆心又效果不佳地劝说，不如上网搜索一篇关于孩子喜欢的明星的有教育意义的文章，不动声色地分享给孩子。这一"明修栈道，暗度陈仓"之法，是最轻松最愉快的共读，也能取得立竿见影的效果。

如果把"用明星教育孩子"变成"学明星教育孩子"，效果可能就会南辕北辙了。

明星，是各行各业的佼佼者，可是，这不意味着明星在教育上也是佼佼者。哪怕明星自己真的光芒万丈，是人民群众的完美楷模，也不意味着明星教孩子就比大家棋高一着。恰恰相反，太多明星"两耳不闻家中事，一心只用圣贤功"，痴迷于本职工作，从而成为行业中的佼佼者。对教育，他们只是懵懂的受益者，并没有多少真知灼见。

所以，为孩子成长着想，为自己省力着想，不要学明星教育孩子——除非你心目中的明星，是一位真正的教育家。

有一次，我的一线教师朋友木老师告诉我，她看到一篇关于明星成长经历的文章，充满正能量，非常励志，准备借此教育班上的学生。

本来我很高兴，对木老师的举动大加赞赏。但是，看完她转发过来的那篇文章，我却觉得脑袋"嗡"的一声。

这篇文章简单记录了明星的成长经历：10 岁经历了什么，15 岁经历了什么，16 岁经历了什么；会唱歌，能演戏，开公司，爱体育，还重家庭。文章中这个明星的人生真是一路顺风：唱歌，唱响世界！演戏，大红大紫！公司，财源广进！体育，所向披靡！

看上去，这篇文章没有任何不妥，充满正能量。但是，我对木老师千叮咛万嘱咐："你可千万别把这篇文章给学生看！你这根本不是教育学生，而是打击学生。而且，你用这种资料教育学生，肯定不会成功，就算你成功了，学生也会被你培养成脑残粉！"

用这样的简历或者故事进行教育，会导致什么结果呢？等你看完，就如那篇文章中写的一句话，"你会觉得自己的人生都白活了"。

　　让孩子觉得自己白活了，当然不可能是我们想要的教育效果。所以，关于正确用明星教育孩子，有个问题非常重要：如何正确选择明星故事？

　　在这一点上，老师和父母必须谨记：不要选那些通篇都是描述明星取得的成绩，而没有对成绩和成长进行反思的文章。

　　人的成长是漫长的。每个人的成长经历之中，都有对有错，有好有坏。

　　同样是记录一个人，同样采用完全真实的素材，写出的文章却可能截然不同。这取决于选取素材的角度：是专门选取对的、好的，还是专门选取错的、坏的。角度不同，最后文章表现出的同一个人也就不同，甚至看上去完全像两个人。

　　这种角度的区别，就是粉丝和路人的区别。

　　粉丝，是对明星充满善意和爱意的人。粉丝对明星的情感，是为人间增添的一份温暖，是很美好的。同时，粉丝的视角会自动过滤掉明星错的、坏的方面，即使没有过滤掉，也会主动为明星的错和坏，找出足够的理由。

　　而路人因为对明星没有主观上的好恶，对明星事迹只了解一点片段，所以比较客观，对明星的错和坏会比较公正。但同时，因为对明星缺乏比较全面的了解，他们仅仅就事论事，也很容易判断失误。

　　从教育角度来说，用明星教育孩子，要求我们自身做到：集中粉丝和路人之优点，对明星的经历，有比较详细、充分的了解，同时又要做到立场客观，不偏袒。

　　从明星文章即教育素材的选取来说，要选择有细节的文章。

　　有细节，就是指即使描述明星的成功，也是用细节记录明星拼搏的过程，而不是仅仅呈现出成功的结果。

　　我们希望孩子，甚至我们自己要向明星学习的，就是从细节里体现出的各种积极的精神。

　　用明星榜样进行教育，必须牢记——我们要向全世界所有人学习的，永远只可能是拼搏过程中的精神与方法，而绝不可能是结果。

　　没有想到的是，过了一段时间，木老师突然告诉我，她看见的那篇明星文章，被人指出严重造假。她很庆幸自己没有选用那篇文章去激励学生。

可是，如果你不幸已经选用了造假的明星文章，已经教育过了，这时你和孩子都发现文章造假，又该怎么办呢？

也很简单，我们需要告诉孩子的是——

第一，那篇文章之所以造假，是因为虚荣。虚荣，其实也是一种对美好的渴望，只是需要配合更有力的行动，所以，继续努力就可以了。

第二，明星也造假，说明取得成绩不容易。这样可以及时给孩子来一针强心剂："明星取得成绩也不容易，没有人能够随随便便成功。你就是我心中的明星哦，相信你通过努力，今后会超越你喜欢的这个明星！"

第三，一个明星倒下去，千千万万明星站起来。当孩子对某个或者某类明星表现出反感时，要及时为孩子推荐其他的正能量明星。

三百六十行，行行出状元。各行各业的顶尖人物，都对社会做出了巨大贡献。除影视明星之外，科学家、作家、画家、运动员、宇航员……身上都有值得我们学习的闪光点。把各行各业的明星，早早引入孩子的生活之中，有利于帮助孩子树立正确的"明星价值观"，拓展孩子的视野，协助孩子做好职业规划，用榜样激励引导孩子成长……

怎样向孩子引入和推荐明星呢？最轻松高效的办法，就是从孩子生活中的喜好下手。比如，孩子喜欢猫，那么可以围绕猫这一主题，向孩子推荐一些明星。

向孩子推荐一位养猫能手——于是，启发孩子创业，自立。

向孩子推荐一位猫病治疗专家——于是，激发孩子热爱科学的精神，好学。

向孩子推荐一位收养流浪猫的人士——于是，培育孩子的责任感和爱心。

向孩子推荐画猫的画家、写猫的作家——于是，激发孩子的兴趣，培养孩子的创造力……

打蛇随棍上。孩子喜欢什么，父母和老师就跟孩子聊什么，就在对话中暗中推荐什么，这样才能更好地教育他。

孩子的纯真，体现在英雄崇拜上。年龄越小的孩子，越是会把父母、老师视为心目中的英雄。所以，年龄越小的孩子，越容易听取父母、老师的意见。

可惜的是，所有英雄也都有凡人的一面，更别提绝大多数人算不上真正的英雄。于是，在长期生活之中，随着孩子的成长，父母和老师越来越难以保持"英雄形象"。

"英雄形象"的坍塌，造成的恶果之一，就是同样高明的建议，孩子越来越不愿意倾听。

这时，借明星的嘴，说出父母想说的话，效果就会大为不同。无论孩子年纪大小，这种借明星之力的教育方法，都能够轻松取得成果，尤其比父母亲自上阵苦口婆心地劝说，效果要好得多。

归根结底，用明星进行教育，其实就是借明星践行的价值观，进行家庭教育中人生观、世界观、价值观等根本问题的探讨与教育。

如今，"立德树人"不仅是教育界的目标，也是教育界的困难。德育工作难以见效，已经成为一个老大难的教育问题。

其实，所谓德育，不过是希望实现人格的不断自我塑造罢了。

德育之所以难以实施，是因为道德人格的成长，有一个永恒的困境：人心就像一个漏斗，凡是由外而内灌输，永远不可能抵达内心深处。正如雅斯贝尔斯在《什么是教育》中叮咛的，"人，只能自己改变自身，并以自身的改变来唤醒他人。在这一过程中如有丝毫强迫之感，那效果就丧失殆尽"。

有一个打破鸡蛋的比喻，正是诠释了这个道理。一个鸡蛋，从内向外打破，是一只小鸡。那是一个生命的诞生，是一个接下去不可预测的奇迹。同样一个鸡蛋，从外向内打破，那不是生命，而是一摊蛋清、蛋黄，最多可以做个摊鸡蛋、煎鸡蛋。

现代社会，在道德构成上，就存在一片乱麻似的重大缺陷：圣贤之德、基本道德不分，私德、公德不分，结果导致事与愿违。

本来人们都真诚地认为，绝大多数人是美好善良的。但是，以公德、私德皆出众的圣贤之德标准一比照，就令人十分失望。经历几次失望后，一颗热乎乎的心也就冷了。

从某种意义上说，人们的这种期待并没错，只是这种希望，就像是从外向内去打破一个鸡蛋——我们这样要求他人，他人就只能做个摊鸡蛋或煎鸡蛋。

所以，问题不是在于世界真的没有希望，而是我们需要将希望寄托在正确的地方。如果我们真诚地认为并且坚定地执行"我要做美好善良的人"，就会从内心萌生愿望，从内向外打破鸡蛋。这种希望会成为强大的心灵原动力，让我们成长的一路都朝向阳光。

这样的道理，可以推己及人，推广到一切人身上。

比如，父母在和老师交往时，万万不可因为老师这一职业，就对老师抱有超出凡人的期待。中国有尊师重教的传统，以孔子和《论语》为象征的儒家文化，穿越时代纵横数千年。但那是圣贤之德，需要老师自己主动从内心去追寻，绝对不可以把它们作为基本道德、职业道德，去外在要求老师。一旦这样要求任何老师，都会成为他们不可承受的压力。

尊重老师，应该把对方作为凡人来尊重——老师有专业知识，也会犯错；有心情愉悦时，也有烦躁不安时。只有抱着这样的心理，才能正常和老师交往，才能取得良好的沟通效果，才不会失望，也才会一直保有希望。

比如，父母在和孩子交流时，万万不可因为对方是"儿女"的身份，就把自己的希望强加到他们身上。

儿女是什么？儿女是陪伴父母的人。

茫茫人海，漠漠人生，一个或几个温暖的、柔弱的、甜美的生命，伴随着你，依恋着你，和你结缘大半生，共同前行，彼此真挚地关怀，这就是儿女的全部意义所在，不是养儿防老，不是子承父业。

父母自己希望做的所有事，统统都应该自己去做。如果儿女也真的想做，那么，应该感谢儿女的参与，而不应该把自己的任何要求，压到儿女的肩头。

如果父母能激发孩子内在的动力，让他从内心深处发力，打破自己的蛋壳，挣脱生命的束缚，那他一定能够成为一个了不起的、让人骄傲的孩子。

永远不要对别人失望。因为希望本来就只存在于自己身上。把希望寄托在自己身上，就会勤奋而愉快，实现了目标自然开心。如果目标没有实现呢？那也没什么大不了的，想做就再来一次。这样一次又一次，不知不觉，孩子自然就强大了。

希望不应是感性之花，而应是理性之果。作为感性之花的希望，灿烂后会凋谢。作为理性之果的希望，腐烂后会萌芽。把希望寄托在自己身上，就会逐渐从容平和，而且越来越从容平和。这样就不会对身边的人挑三拣四，身边的人对自己也会有积极正面的反馈，即使不是这样，也不太会伤自己的心。

如太阳终将落下，如弯月终将收割黑暗，冉冉而起，如其所是，不抱希望，永不绝望，在行走的路上不断仰望天空。

这样，我们就能够让自身形成一个充满希望、美好温暖的正向循环，从而逐渐营造出一个同样的小环境，无论家庭，还是朋友，还是团队。这样的小环境，自然是开展德育的最佳场所。

孩子的偶像崇拜、明星迷恋，从积极意义上说，是人性向往美好的本能。尊重这一人性本能，从用明星教育孩子发展到帮孩子选择明星的过程，就是引导孩子寻找自己的人生楷模的过程，这也是德育的轻松做法。

德育借力打力，大人省心省力。

十 转机蕴含在危机之中

后喻时代新家庭教育的重点、痛点和拐点

你觉得你的孩子比小时候的你聪明吗？你觉得现在的小孩子比我们小时候聪明吗？

这是毫无疑问的。

根据相关统计，现在《纽约时报》一周的信息量，比18世纪一个人一生收到的信息量还大，现在18个月产生的信息，比过去5000年的总和还多。

如此海量的信息，不仅催熟了孩子，让学者们大喊"童年在消逝"，同时也导致人类文明的传播、整个教育形态（包括家庭教育在内），出现了颠覆性的变化，那就是：我们已经迎来了"后喻时代"。

美国人类学家玛格丽特·米德在《文化与承诺》一书中，提出了著名的"三喻文化说"，将时代划分为前喻文化时代、并喻文化时代、后喻文化时代。在前喻文化时代中，长辈向晚辈传授知识，晚辈向长辈学习；在并喻文化时代中，长辈和晚辈的学习都发生在同辈人之间；在后喻文化时代中，晚辈向长辈传授知识，长辈向晚辈学习。

文化反哺，是后喻时代的最基本特征。尤其在信息时代，因为互联网兴起，年轻人对新理念、新知识、新技能等新事物有着良好的接受能力，因而在许多方面胜于年长者。长辈向晚辈学习逐渐成为常态。因此，长辈"不耻下问"，在后喻时代将会逐步演变为欣然下问。甚至，长辈欣然下问，还得看看晚辈的脸色，看晚辈是否乐意回答。这是对人类文化传承方式的一种颠覆。

在中国，情况又复杂得多，只能在多岔路的隧道中摸索着前进——

中国目前在学校教育层面，基本处于前喻文化时代：作为长辈的老师向作为晚辈的学生传授知识，晚辈学生向长辈老师学习。

在社会教育层面，中国更多处于并喻文化时代：长辈和晚辈分别在同辈人之间交流和学习，长辈和晚辈之间不能称为代沟，而得称为鸿沟。

后喻文化时代的那种晚辈向长辈传授知识、长辈向晚辈学习的情况，可能发生在少数理想的家庭中、少量理想的学校里，远远未成为主流。但是，毫无疑问，它已经成为不可逆转的方向。

问题是，后喻时代也无法改变一个现实，那就是：人类，是一种抚育期超长的动物。小马生下来会跑，小鸡生下来会吃，人却不行。晚辈从文化上可以反哺长辈，从生活上却得依赖长辈——经济无法独立，在权利上却不仅要和长辈分庭抗礼，甚至还要取代长辈成为主体。这样冲突自然难免，尤其在家庭中，两代人朝夕相处，思想上的碰撞难免导致生活中的摩擦，大大增加了家庭教育的难度。

我们正处于一个全球化的时代。我们抚育的孩子面临的是国际化竞争，从某种意义上说，越是优秀的孩子，越是面临着全球化竞争；而我们作为成年人，自身的生活和工作压力又非常大，只有明白家庭教育的重点，牢牢抓住重点，才可以让家庭教育变得简洁高效。

在后喻时代，家庭教育的重点是什么呢？

对父母来说，重要的是教育方法——智慧爱。智慧爱是理性与感性的融合。情理交融的特点是既能深入心灵，激发共鸣，又能促进思考，激发独立自主意识。

对儿童来说，重要的是教给孩子手段——自律。一个孩子一旦学会了自律，也就是搭建了成长的天梯。根据中国儿童精神"自由、自律、自新"的框架，在自由的基础上才能产生自律，在自律的成长中不断自新。

重点无法实现，就会变成痛点。

在后喻时代的家庭教育中，痛点是：父母的智慧爱和孩子的自律，人人听起来点头赞赏，却又难以做到。究其根本原因，就在于缺少平等意识。简单说，大人根本没把孩子当人看。

以孩子学习为例。中国孩子的学习时间、学习强度，随着年龄增长而增长，到高三达到顶点。每个中国人都知道这一点，也几乎没有人认为这是正常的学习状态。父母会将压力的来源推向社会，推向应试教育。

其实，父母即使不能从教育科学上为孩子助力，起码可以从心理安慰上为孩子减压。但是，现实中少有父母用自己的肩膀承担起压力。归根结底，当父母为经济尚未独立的孩子付费后，就下意识认为自己已经付出，认为孩子应该满足自己的渴望，而不是自由成长为他们自身。

缺少平等意识，导致父母一方面把孩子当小大人，用比要求自己严格得多的标准去要求孩子，还美其名曰"我为你的将来好"，另一方面却把孩子只是当孩子，认为他什么事情都不懂，只需要服从。

这样的父母，由于自小成长在缺少平等意识的家庭中，经历过的原生家庭问题都会在其子女身上出现。不被平等尊重的人，也很难下意识地尊重他人。

痛则不通。双方对峙，肯定会造成冲突。越激烈的冲突，就越可能形成拐点。转折当然分为两种：一是向好转折，一是向坏转折。

2014年6月，在湖南省新邵县，有一位44岁的父亲陪沉迷网络游戏的儿子高考，父子二人双双考上本科。儿子在读初三时迷上网络游戏，成绩一落千丈，准备辍学。父亲为帮助儿子回头，不仅耐心劝说，还每天到儿子教室外转悠，没想到在窗外听老师讲课听得入了迷。父亲恳求儿子的班主任收下自己，成了儿子的同班同学。父子俩成了无话不谈的朋友，儿子自称是父亲的"忘年交"。儿子被父亲的精神感动，学习成绩很快赶了上来，在班里保持前十名；父亲的成绩在二十名左右。父子俩同赴高考，同为理科生，儿子的成绩超过一本线，父亲则超过了二本线。由此，父亲卖掉了自家的宅基地，准备和儿子一起上大学……当初险些断送儿子学业的对网络游戏的沉迷问题，早就不治而愈了。

同样是对网络游戏的沉迷，同样在2014年，四川广元市却发生了一个悲剧。因为儿子沉迷网络游戏，有母子二人双双投江身亡。16岁的儿子沉溺网络已经两年，中间一直反复。4月某日晚22时左右，母亲从网吧找到"失踪"6个多小时的儿子，拉到了嘉陵江边，向儿子哭喊道："你还上网，我这就跳河死了。"说完，她就向江里冲了几步，倒在江中的暗流里，不见踪影。随后赶来的父亲气愤地踹了儿子两脚，吼道："你要上网，你要打游戏！"儿子看了看父亲，就转身冲进江中，并且奋力从施救者的手中挣脱，也被江水吞没……

从这两个事例可以看出，同样的起点可以通往截然不同的终点。

冲突，是一种精神活动。这种精神活动如果是消极的，就是对精神世界的破坏；如果是积极的，就会成为最好的教育现场。抓住冲突的时机，把消极变为积极，就能够把一切冲突都变为灵魂的洗礼，变成教育的契机。

首先，面对家庭教育中的冲突需要坚定对生命的根本信任。其次，以智慧爱开展有品质的家庭教育。前者强调原则，后者强调方法。

人是自己所信事物的产物。对生命的根本信任，就是对教育的根本信任。相信教育的力量，就能够在日积月累之中，推动成长从量变到质变。

如何赢在转折点呢？我们需要做一件事：重塑精神生活。

为什么家风、家训、家庭叙事，才是一个家族最宝贵的财富？因为通过精神生活，肉体生命穿越时空，成为精神力量。

精神生活和现实生活不完全相同。有精神生活，必然有现实生活，因为精神生活必须以现实生活为基础；有现实生活未必有精神生活，因为在现实生活中，我们在绝大多数的日子里只是进行简单的信息交换，没有出现心灵的碰撞交流。

重塑精神生活有很多方法，影视共赏、图书共读、打造庆典是三种常见方法。

最简便的方法：影视共赏。

法国当代思想家埃德加·莫兰指出："电影艺术的特性，就在于它能为自我逃避和自我发现提供无限的可能性：世界触手可及，宇宙组合千变万化……主人公让观众看到了自己的化身，并为之兴奋不已。"影视作品作为重要的教育资源，得到了越来越重要的运用。

如果说，学校教育因为观影设施和人数等条件所限，影视共赏还有诸多局限，只能成为教育的补充，那么在家庭教育中，影视教育是操作起来简便易行、实施过程寓教于乐、教育效果立竿见影的重要途径，不可忽视。

在具体操作中，可以从背景介绍、电影观赏、回味瞬间、主体研讨、音乐欣赏、延伸阅读等环节，让教育效果最大化。

最深入的方法：图书共读。

阅读是一种需要强大的想象力参与的过程，阅读中产生的"心流"可以让人在潜意识里将从书中提炼、获取的信息，当作从自己心灵深处诞生的知识，从而达到共读双方或者多方深度共鸣的效果。

在家庭中，父母一般需要倡导两种类型的共读：一种是针对小学及未上小学儿童的共同阅读一本童书，一种是针对中学生及成年人的互相推荐图书。

最无形的方法：打造庆典。

每个家庭都有许多值得庆祝的日子。这些日子过得不好，就只是一时热闹；过得好，就会具有仪式感，产生意义感，激发存在感，产生持久的教育效果。

庆典需要仪式感。仪式和形式一字之差，本质截然不同。缺少精神上的共鸣，再宏伟壮观的场面都只是形式，而不是仪式。有了心灵的震撼，最简单朴素的场景，也能成为最庄重的仪式。

因此，面对所有需要成为庆典的节假日，一方面应该注意节假日背后的文化意蕴，尽可能让每个家庭成员对此熟悉，另一方面要注意家庭成员的个性特征，尽可能把家庭成员的生活故事、生命感悟与庆典结合。这样的庆典，就会成为生命中的节点，促使生命进一步拔节。

面对时代带来的挑战，每位父母只有一条路：迎面直上，迎难而上。因为，父母没有退路。就算父母躲闪到一旁，难题也不会消失，只会交给孩子。

现实的确不容乐观，未来却只能经由乐观才可抵达。世界之大，大如人性，远比想象复杂。但是，每个认真工作和生活的人，都是美好的言传身教者，也堪称传播幸福的教育者。他们在任何境遇之下，都以智慧爱培养自律，以平等奠定根基，把危机转化为契机，重塑精神生活。为人父母必须依此行动，才可践履为人父母这一神圣的使命。

十一　父母和孩子一样大　新父母何为

每位父亲或者母亲，在孩子诞生之前，都只是普通的男人、女人。成为父母，是从第一个孩子诞生的那一刻开始的。

所以，第一个孩子的生日，同时也是父母的生日，是父母这一新身份的起点。

父母和孩子一样大——认清这一点，承认自己并不比孩子高明，不仅有助于教出有平等意识的进取的好孩子，还能跟自己的孩子重返童年，额外获得一份童年的纯真喜悦，更能借此再次成长，成为更好的自己。这才是为人父母的最大收获。

在现实的家庭教育中，我们往往无视这一最明显的事实，导致本应该肩并肩的父母和孩子，成了对立的双方，从而引发无穷问题。这些问题的绝大部分都可把症结归于一点——不平等。

这种不平等，体现在倚老卖老上。

有的父母认为自己年纪大，自己走过的桥比孩子走过的路还多，所以，凡事自己说了算，以自己的人生经验代替孩子的人生经验，完全不顾时代瞬息万变。更有父母不仅自己代替孩子思考，还希望孩子能够实现自己没有实现的人生理想，试图把孩子变成实现自己梦想的工具，还打着"我都是为了你好"的旗号。

这种不平等，也体现在倚小卖小上。

有的孩子受到溺爱，养成自己还小、应该受到照料的心理，在生活中只享受权利，不承担责任。于是，他们既没有能力做饭，也不会帮助父母收拾碗筷；既没有体力做重活儿，也没有兴趣做轻活儿；既无法对自己的生活负责，更无法对父母亲人付出。

对这些孩子来说，年龄小已经成为自己肆意妄为的借口，"熊孩子"也就成为这种孩子的代号。

所以，每当听到父母倾诉如何难以教育孩子的烦恼时，我都有一个最简单也最有效的建议：把孩子当成同事吧！

当同事犯了错误，你会破口大骂，还是会尽量克制怒火，和对方耐心交流？许多父母时常被孩子的错误激怒，其实原因并不是孩子的错误有多么可恨，而是因为父母发泄情绪时，不会像对待同事一样立刻看到严重的后果。所以，父母在潜意识里毫无顾忌，却不知心灵上的伤害会影响孩子一生，更为孩子树立了糟糕的榜样。

同样的事情还有很多。比如，当同事面临人生选择，你会提供建议，还是会包办？当同事遇到挫折，你是会冷嘲热讽，还是会宽慰对方？

当然，孩子不能完全等于同事。毕竟孩子是未成年人，需要父母从物质到精神予以滋养。把孩子当同事，是把孩子视为独立生命的一种形象说法而已。意识到孩子是独立的生命，才会有平等意识，才会让父母、孩子各司其职，才会让孩子从自由发展到自律。

父母是孩子知识与生活上的第一任老师，也是人格的终生老师。家庭，是孕育无限可能的场所；教育，是把潜力化作实力的过程。

父母和孩子一样大，意味着精神上的绝对平等。如果父母能够无限相信自身和孩子的潜力，能够让自身归零，重新开始，那么，抚育孩子的过程，就不再是为不可捉摸的明天而焦虑的过程，而是彼此相依、共同成长的幸福历程。

父母孩子一样大，是成长的起点，也是幸福的起点。

作为和孩子一样大的新父母，在平等的基础之上，能够给孩子什么馈赠呢？

1. 新父母应给孩子乐观

月有阴晴圆缺，太阳也有黑子，观看角度不同，汲取的信息大异，成长也因此不同。半杯水，悲观者见未满，乐观者见已有。父母能懂得"塞翁失马，焉知非福"，孩子自然随之乐观。教孩子乐观其实非常简单，一个字：笑。笑不出时，将嘴角上扬，就是驱散阴霾的良方。

乐观，就是面对困境时的从容。王尔德有句妙语："经验是人们为自己所犯错误取的名字。"从获取经验来说，一切成功和失败，都是财富。只有从容的父母才有可能给孩子以乐观，只有具有从容的心态才能平静看待生活中的起起落落。尤其是在失意、受挫的时候，从容的心态能给我们一双眺望远方的眼睛，我们能看见远方的目标仍然在那里。

2. 新父母应给孩子梦想

梦想是理想的嫩芽。不见得每株嫩芽都能顺利成熟、开花，但一粒种子就是一种可能。梦想是心灵的翅膀，只有它可能带着孩子飞往远方。父母应该欣赏孩子的梦想，鼓励孩子为了梦想而努力。孩子确定某个梦想为终生理想之日，就是家庭教育完全成功之时。父母此时可以安然放手，欣然祝福。

为了给孩子以梦想，新父母自身应该有理想。理想是精神生活的魂魄。真正的理想是不可战胜的，就像阿尔伯特·加缪说的，"在严冬里，我终于知道自己的内心拥有一个不可征服的夏日"。但是，在生活中，不顾理想和只顾理想，都是生活的大敌。尤其在教育生活中，不仅影响现在，还会影响未来。

新父母的理想可大可小，但必须真切实在，不可虚幻。贫困的父母想赚钱，想为家庭积累物质财富，这就是值得实现的理想；富裕的父母，自己的小家庭过得很安逸，想帮助亲朋好友走上致富道路，这也是一种理想。

父母的小小理想，也可以给孩子大大的滋养——当父母树立了理想，为之付出不断的努力，和孩子分享一路的喜怒哀乐、成功失败，从中总结经验教训的时候，就是在进行最好的教育。这样的教育，会让孩子在追梦的道路上走得更加稳健，也会使他们更早将自己的梦想定型为理想。孩子不是木桶，而是火焰。教育，尤其是家庭教育，不是大人往孩子这个木桶里灌水，而是呵护孩子的灵魂之火，助孩子燃烧起梦想之火，帮孩子将其稳定为理想之火。

3. 新父母应给孩子信任

相信种子，相信岁月，是新教育的信条。孩子就是种子，磨炼就是岁月。父母相信孩子，自然会永远激励他（"孩子，你能行！"），从而激发孩子自身的无限潜能。父母相信孩子，自然会平静宽容，面对孩子的失误乃至错误，仍然无限期待孩子创造新的精彩。信任，是最简洁朴素而坚定的教育。

信任孩子的基础，在于理解孩子。孩子和成人是两个不同的概念，双方有许多重大区别。仅仅从生理来说，人类的孩子的成长期比其他动物要长得多，小马刚出生就能站立，小鸡刚破壳就能行走，人类的孩子却要很长时间来哺育、教导，才能够学会基本的生活技能。理解孩子在生理上、心理上的诸多特点，就能消除父母的烦躁焦虑，给予孩子信任的力量，鼓舞孩子勇往直前。

4. 新父母应给孩子尊重

尊重比爱更重要。爱是不由分说地给予，父母强势的爱极易不知不觉演变成侵犯个人意识、阻碍个性发展的武器。尊重是退一步的海阔天空，划出生命个体之间的边界，以退为进，爱之有度。中国山水画因留白而意蕴无穷，尊重是爱的留白，是亲子的留白，意义非凡。

只有内心强大的父母，才可能给孩子以足够的尊重。在生活中，父母对孩子产生的情绪，并非完全与孩子的行为相关，往往更多是父母在社会上的遭遇投射到孩子的行为上。也就是说，世界对父母是赞赏还是否定，直接影响父母情绪的好与坏，父母眼中孩子的行为也就变得可爱或者可恶。内心强大的父母，无论外界阴晴，都能有一片独立的心灵天空，都能把孩子当作一个独立的人去看待，都能保持家庭的风和日丽，都能保持对孩子的尊重。只有父母真正尊重孩子，孩子才可能从心底里敬重与喜爱父母，从而形成情感的正向互动。

5. 新父母应给孩子热情

在社会上，人与人之间日益冷漠，各种骗局亦层出不穷，正因如此，父母更要努力让孩子拥有热情。热情是人生的燃料，对生活缺乏热情，再博学多才也无法创造绚烂的生命。让孩子拥有热情很简单：学会爱他人，学会捕捉、品味幸福，学会换个角度解读伤害。

在成长的过程中，情感是当下家庭教育中被忽视的力量。这种力量在以理性为特点的工业文化中，也长期被忽视。我们现在常说亲子关系是一切关系的基础，正是对这一点的弥补。但是，仅此还远远不够。激情是成就人生的基础，这一点并非所有人都知道，尤其是在家庭教育中，父母更容易忽视这一点。

给孩子热情，相当于给孩子一个温暖心灵的火炉，当热情上升到激情，就成为燃烧生命的巨大熔炉。这样的熔炉，能够把冷硬的知识融会贯通，彻底转化为自身所需的精神营养。这样的熔炉，能够把他人的热情或冷漠，统统熔化为促进自身成长的力量。这样的熔炉不断燃烧的过程，就是不断在给孩子提供生命能量的过程。父母只有对生活充满激情，才可能给孩子以巨大的热情。

6. 新父母应给孩子自由

自由不仅是滋养创造力的土壤，更是助生自律的暖房——最好的纪律是自律。仅有他律而没有自由，永远无法产生自律。给孩子充分自由，意味着孩子能真正独立进行选择取舍，一旦真正学会抉择，就意味着学会承担相应的责任，他律由此得以悄然质变为自律。

其实这不仅仅是给孩子自由，因为解放孩子也就意味着解放父母。父母和孩子是一枚硬币的两面，自由也是互相给予。所以，自由建立在信任的基础之上，信任孩子、懂得孩子，宽容孩子犯错，及时进行指点，相信孩子在自由中会继续成长，从试错中找到正确的道路，这就是给孩子自由。

7. 新父母应给孩子榜样

对成长而言，榜样是人生的镜像、心灵的火种。一旦孩子拥有了一个真正卓越的榜样，家庭教育就成功了一大半。父母是孩子的第一任老师，也是最初的榜样。平凡的父母也不必因普通而自惭形秽，完全可以通过阅读等方式，让故事里的英雄成为引领孩子的灯塔。

许多父母听说要成为孩子的榜样，就感到很困惑。尤其是文化程度较低的父母，面对成为孩子榜样的要求，更是感到为难。难道学校不是提供老师担任榜样的专业机构吗？难道孩子学习中遇到的难题，父母都应该攻克吗？当孩子掌握的知识水平超过了父母，父母又该如何成为榜样？

其实，这是对榜样一词的误解。父母要成为孩子的榜样，并不是在具体事情上一定要超过孩子，而是体现为所有事情中的一种向善的人格的力量、向上的精神的力量，体现为行动上的表率。也就是说，当父母主动追寻理想、求知若渴、不断奋进的时候，不论所做的是什么事，不论结果成功还是失败，表现出积极进取的精神，都足够成为孩子的榜样。

8. 新父母应给孩子勇气

绝大多数人，不是在追寻途中累倒，而是在跋涉的起点被吓倒。一个畏首畏尾的孩子，纵然有再大的才华，也会在施展时大打折扣。其实孩子天生勇敢，绝无恐惧，是父母"外面有大灰狼"等教诲，让他们渐渐感到了恐惧。新父母应让孩子学会的，是敬畏而不是恐惧。

恐惧是人生最大的障碍，所以成功者除拥有天赋外，还往往是最自由无惧的人。人生其实是靠勇气与信念支撑的，由此往前走，在行走中不断学到新知识、运用新知识。当最初预料的困难实际发生时，往往就不再成为困难了。很多聪明人因为太聪明，事情还没开始就能早早分辨出利弊得失，而且往往看清的是弊与失，于是丧失了前行的勇气。他们自以为守住了所有，其实失去了一切。

只有勇往，才可能直前。在过去和未来两点之间，直线最短。犹犹豫豫，就只能走出曲线，哪怕方向正确，也会无端耗费更多时间。只有父母给孩子勇气，孩子才可能对世界保持好奇；只有对世界保持好奇，孩子才有可能拥有创造力。许多父母希望培养听话的孩子，以至于强调敬重、强调潜移默化的孝心，都会扭曲为强调顺服的孝心。其实，孝顺父母的服从，是建立在打消孩子的勇气、牺牲孩子的创造力的基础上的。失去了勇气，孩子自然会对陌生世界感到恐惧而不是好奇，就会安于平凡，乃至在时光之中堕落为平庸的人。

9. 新父母应给孩子关心

关注不等于关心。有的父母双眼紧盯孩子一举一动，却极少倾听孩子的心声，极少探究孩子所思所想，更没有去学着剖析儿童行为背后的真义。这样的父母，懂关注而不懂关心。关注最终会变成强大的外在压力，而关心则会给心灵的成长不断添加动力。

关心，就是关注孩子的心灵，就是指给心灵提供精神的养分。关心必然建立在父母与孩子精神的沟通之上，而不是被一些表面现象蒙蔽。比如，同样是孩子学习不用心的现象，其原因会是形形色色的：有可能是所学的知识太深了，这是学习能力上的障碍；也有可能是学习生活中遇到了挫折，导致对学习的忽视，这是学习兴趣上的缺失；还有可能是自满、自傲、自大，这就是学习动机上的问题……真正关心孩子，意味着从孩子出发，从孩子的精神出发，从孩子的心灵出发。只有真正了解孩子心中所思所想，才能在家庭教育中有的放矢。

10. 新父母应给孩子空闲

无论知识还是德行，所有的学习要成为孩子自身的一部分，都有一个融会贯通的过程。有了空闲，孩子才有空将所学知识进行反刍，从而能够真正运用。名目繁多的补习班，会从空间上局限孩子，从时间上压榨孩子。当知识仅仅是知识，即使孩子拥有再多，也最多不过是两脚书橱。

现代人的生活节奏越来越快，学生需要学习的知识技能也越来越多。父母又该如何给孩子空闲呢？

最重要的，是父母需要对教育规律有正确认知。很多父母害怕给孩子空闲，一旦孩子静下来，他们心中就会慌乱。有些父母看见其他人家的孩子都在拼命学习，感觉其他孩子都在拼命向前奔跑，拼命成长，而自己的孩子空闲下来，就停下来了，就会落后。

这样的父母都没有意识到，教育是一个采撷百花、酿出蜜糖的过程。

要想激发孩子的求知欲和创造力，就要有一个酝酿的过程。仅仅采摘一些知识的百花，虽然也很美好，但如果不经过酝酿，就不会变成美酒。这样的过程需要一定的时间和空间，也就是给孩子一个反刍、消化、酝酿的时机。现在的生活要求我们学习的知识很多，现在的孩子学习到的知识也很多，但所有学习到的知识，如果没有足够的时间去消化，也就只是像石块一样堆积在心里。只有真正用时间和空间去反刍、消化和酝酿，才会把果实变为美酒。

11. 新父母应给孩子陪伴

时代泥沙俱下，家庭早已不是宁静的港湾。在父母为自身生存而拼搏、无暇陪伴孩子时，电视、网络就会用社会的泥沙悄然侵蚀孩子。最简单的爱，就是陪伴。最难的爱，也是陪伴。只有心灵相依、一生同行，才不辜负这一世的相聚。

父母的陪伴，一种是身体的陪伴，比如生活中的吃喝拉撒；一种是心灵的陪伴，精神上的相依相伴。身体和心灵同时陪伴，当然是最理想的陪伴。在现实生活中，很多父母只是做到了前者，就以为自己完成了陪伴，以至于社会新闻中不断传出种种匪夷所思的事情。例如：在嘉兴打工的某位爸爸，在家自顾自打游戏，4岁的女儿带着2岁的儿子上街找妈妈迷路了他都不知道；在西安打工的某位女士只顾玩手机，女儿在一旁溺水了她都没看到。这样的所谓陪伴，本质是对心灵和精神的完全漠视。真正的陪伴是，虽然朝夕相处，却怀着久别重逢的开心与关心；真正的陪伴是，言语上的温暖、精神上的交流、行动上的支持。有品质的陪伴，哪怕一天只有20分钟，所取得的效果也远远超过一天24小时的低品质唠叨。

吃饱穿暖的孩子迫切需要心灵的滋养，日益渴望精神的尊重。不懂教育规律的父母与老师，越是用力，结果越是南辕北辙。在一些极端案例中，未成年人因矛盾竟然杀害家长和老师。在这些畸形的偶然中，都隐含着冲突的必然。

教育应是爱的感性与智慧的理性之融合，缺一不可。教育中的现实和理想并不矛盾。没有理想的现实只是一团污秽，不能在现实泥泞里扎根的理想都只是空想。新时代需要新形态的家庭，新家庭呼唤新父母、新行动。这些扎根于家庭中的教育理想，在新父母的贯彻之下，必将在岁月深处成就一个又一个新孩子，共同演奏出新家庭教育的时代交响乐。

十二　四季都有花儿绽放　新家庭教育的时间与技巧

对家庭教育，很多父母都说自己没有时间。但是，做重要的事，总是有时间的。没有人听说过，有谁是因为一直忙到没有时间吃饭而饿死。正常的父母，都在为了帮助孩子创造幸福而努力，只是他们选择的方法各有不同。

有的父母在把孩子送进学校时，会真挚地叮嘱老师："老师！我家孩子就交给您了，要打要骂都由您说了算！"还有许多父母，在学校叮嘱开展家庭教育时，会感到郁闷甚至烦躁：学校不就是管教育的吗？老师不就是教学生的吗？我们有自己的工作，平时也忙得不行，绝大多数又没学过教育，怎么总要开展家庭教育？是不是你们老师总想偷懒啊？

其实，从历史发展的角度来看，今天对父母的要求有一定道理。

在遥远的古代，在没有学校的漫长岁月里，教育孩子就是家里的活儿。之所以出现学校，就是家庭事务逐渐社会化的一种分工。从私塾到今天我们习以为常的学校，就是教育在农耕时代向工业时代的转变中，一步又一步从家庭事务转化为社会事业的渐变过程。人们由此逐渐养成了一种认知：学校是从事教育的专业机构。

但是，学校从未取代过家庭——这一点毋庸置疑。教育原本就是汇聚学校教育、家庭教育、社会教育之力，最终使人拥有自我教育能力的活动。

而且，随着教育研究的一步步深入，人们的许多认识纷纷被打破。

1966 年，通过对全美国 4000 所学校 60 万学生进行调查研究，美国詹姆斯·科尔曼教授的《科尔曼报告》震惊了世界，在社会学史和教育史上的影响力一直持续到今天。

在那之前，人们普遍认为，从文化程度和所受教育水平来看，黑人学生和白人学生的差距越来越大，原因是学校的物质水平、学习条件不同。科尔曼的调查结果却发现，这是因为"自我评估"不同，黑人孩子或印第安人孩子身处弱势，对前途也缺乏憧憬，觉得不可能通过教育改变自己的人生。显然，这种自我评估受到了家庭及其同伴的影响。

就在著名的《科尔曼报告》里，有一项让人大吃一惊的研究结论：孩子的素质，90%以上是父母决定的；学校在孩子学业成功方面没有多少实际用处，家庭及其同伴的影响才是决定孩子学业成就的关键因素。

时代发展到今天，在决定孩子学业成就上，尤其在为儿童创造幸福这一点上，家庭教育重于学校教育。之所以如此，根本原因是时代正在急剧转型。

农耕时代、工业时代、信息时代——不同的时代有着不同特征，对人的培养有着不同要求，教育肯定会因时代而变。

我们正置身于工业时代向信息时代转型之中。和以往农耕时代向工业时代转型不同，这一次从工业时代向信息时代转型，随着科学发展的加速，变化特别迅速。谁顺应了时代的要求，谁接受的教育转得早、快、好，就必然在成长中迅速突围，在成长中占据优势。

工业时代，是追求效率的时代，强调大规模生产，强调集体行动，强调整齐划一。我们当下开展的教育，就吻合工业时代的需求，引导人们追求稳定的生活，成为工作的螺丝钉，共同组成相对稳定的集体。

信息时代，是特点就是优点的时代。一次网络搜索获得的知识可以超过以前一个人一辈子的学习量，如何运用知识、组合知识乃至创造知识，才是时代需要我们解答的问题。这就要求教育强调个体，强调个性，强调创造性思维等。

我们的生活，正在飞速向信息时代迈进。要想让孩子在信息时代赢得幸福，必须把孩子培养成信息时代需求的人才。然而，我们的学校教育，在当下以及接下去相当长的一段时间之内，都是工业时代模式。

第一，作为教师，一个人面对几十个学生，每个学生都只能成为教师心中的几十分之一。教师培养学生个性的难度有多大？难道会小于父母培养孩子？

第二，学校和教育部门也正随时代需求在转型。然而，船大掉头难，你的孩子正在日复一日地成长，一天一个样，到机构、国家转型成功时，孩子等得及吗？

第三，在国家层面，教育中的许多问题，根本原因在于教育之外的社会环境。比如，在欧洲一些高福利国家，部长和清洁工的工资相差无几，清洁工也不会因为工作而少受一分尊重，自然普罗大众就不会红着眼睛争当部长，教育也就被松绑了。在中国，社会转型是很难的，存在人口众多、收入差距悬殊等问题。教育是关系到生存的根本问题，谁不盼着孩子往高处走呢？

出于这三条原因，父母不努力，还有谁努力？

这就是为什么我们今天特别需要家庭教育的原因——今天的家庭，不再是宁静的港湾，而必须成为转型时代心灵的堡垒。只有把家庭教育做好，让教育变成"家庭＋学校"，让家庭和学校形成良好的教育生态，才能为孩子创造良好的成长小环境，教育效果才会成倍提高。如此，孩子轻松赢得今天的幸福，父母轻松拥有全家的未来。

当然，孩子成长最需要父母付出的童年期，与父母事业最需要积累的启动期，基本是重合的。在现代社会，忙于生存、生活的父母，用什么时间去开展家庭教育？

作为普通父母，都有本职工作，都要忙于生存。他们需要的是方法。

要想家教有时间，父母首先应该牢记几条原则。

第一条原则，家庭教育和学校教育的任务并不相同，应该做的事也不相同。

我的团队伙伴、全国知名班主任、经常教出高考状元的黎志新老师对此就深有体会。她从一个经常教出高考状元的高中教师角度，评价说："家庭教育很重要，但是，现在有一种情况也很值得警惕，就是学校有一种误解，认为家庭教育（特别是小学）是要求家长监督孩子写作业，帮助孩子听写生字词，或者帮助老师检查作业，检查完了再在孩子作业本上、试卷上签字确认。对这种做法我是持反对意见的，这容易让孩子把学习的责任转嫁到父母头上，比如自己作业写错了，在学校被批评了，孩子回家就怪父母：'都是因为你们，帮我检查作业没检查出来。'父母协助下的100分，不是孩子自己真实得来的100分，这样的孩子到了中学，没有父母监督检查，学业成绩会严重下滑，身边有不少这样的案例。久而久之，孩子会缺乏责任心，事情做不好，而且还容易向外归因。因此，在家庭教育方面，也许学校和家庭都要有更为清醒的认识。"

简单说，家庭教育更侧重人格塑造、习惯养成，学校教育更侧重知识传授、精确训练。当然，"更侧重"不是说"只注重"。因为人格塑造和习惯养成，在一定程度上，也需要在传授知识和精确训练中完成；而学习知识和反复训练，本身也是塑造人格和养成习惯的重要方法之一。

鉴于家庭教育和学校教育的目标如此不同，就有了第二条原则，可以确保"家庭教育有时间"：不需要另外找一段时间来开展家庭教育，而需要多一点教育智慧，把生活变成教育，把家庭生活变成家庭教育。

比如，休闲娱乐。选择看电视连续剧，就不如选择看电影。如果事先就有所准备，从教育角度，有主题地选择影片；看完电影之后，再进行一场讨论，那就是轻松、深刻、寓教于乐的教育。《36节电影课养成好习惯》是《中国教育报》推荐的工具书，根据12个主题选择经典影片进行简介，并设置电影赏析、教育要点、共鸣共行、相关推荐等板块，拿着书就可以按图索骥，轻松开展教育。

比如，旅游。如果由父母选择地点，安排路线，操持一切，对孩子而言，就只是旅游而已。如果父母要孩子去筹备一切，由孩子提出备选地点，就能让孩子学会查找资料；由孩子安排路线，就能让孩子掌握地理常识；孩子还可以整理攻略，制订计划，提出各种建议，供父母参考，大家共同协商解决……这就是最生动的教育。

比如，家务事。家庭琐事如果只是成年人在忙，就不是家庭教育。如果请孩子一起分担，就是家庭教育。如果能给孩子空间，让孩子创造性地发挥，解决家务事，就是最好的家庭教育。

比如，听孩子说话时，家长只是"嗯嗯"地答应，这是敷衍，不是家庭教育。如果多用一个万能词"为什么"，就是最好的家庭教育。发生意料不到的事情时，先不着急，多问一个为什么，这是给孩子解释的机会。遇到任何问题，都要问孩子一个为什么，这是在培养孩子探索的兴趣。在忙家庭琐事时，让孩子给自己讲讲书中读到的故事，多问一个为什么，就可以培养孩子的思考力。

比如，在生活中的突发情况。父母在人生中遭遇到好事坏事，如果只是自己享受或者承受，哪怕结果是给孩子带去了富裕的生活，也不叫家庭教育。把自己遭遇的好事坏事，都讲给孩子听，并听一听孩子的意见，才是最好的家庭教育。

对孩子而言，这是培养孩子的平等意识，让孩子学会担当，变得有主见。

对父母而言，这是找到一个最可靠的朋友，最能够分享喜怒哀乐的人。

不管孩子多大，父母都可以这样做。

杭州师范大学附属学校原校长陈钱林的一对儿女都取得了优异成绩：女儿20岁时获三所世界名校的全额奖学金，现为新加坡南洋理工大学在读博士，研究"基因"相关课题；儿子陈杲14岁考上中科大少年班，18岁获美国纽约州立大学全额奖学金，2015年解决了一个困扰数学界38年的世界难题……

这对双胞胎的成长，就和陈钱林"乐于分享一切"的家庭教育密切相关。

在孩子读小学时，陈钱林就连被安排到哪里当校长，也要与两个孩子商量。后来他当了十年校长，所在的学校变成当地名校，他也成为知名校长，孩子也转学到这所学校，和父亲一样关注学校发展。

陈钱林还会把自己的失败展示给孩子。比如，他明知自己英语很差还是坚持去考研究生，明知评不上特级教师还是积极准备。当他失败时，孩子比他更难过，但他认为需要给孩子展示一种屡败屡战的精神。这位父亲把自己的成长史、自己遭遇的挫折、面对挫折的态度，与孩子的成长连接起来。

如果说，学校教育的智慧，关键在于张弛有度，动静相宜，那么，家庭教育的智慧，关键在于润物无声，潜移默化。

爱，正常父母都不缺。只是因为时代剧变，智慧变得特别重要。

智慧爱，以智慧的方式传播爱——时代在改变，父母都很忙，所以教育的方法就很重要了。

十三　在共读的心桥上　从亲子共读到全球共读

阅读不是为了读书，阅读是为了成人。

阅读是一种能力，一种在信息时代需要通过特别学习才能被正确掌握的能力。形成阅读能力，就等于拥有了自学能力，就能够在瞬息万变的信息时代，拥有立于不败之地的法宝。

共读不是为了成人，共读是为了行动。

共读是一种交流方式。著名社会心理学家、美国艺术与科学院院士 E. 阿伦森提出，人是社会性动物。这个一度振聋发聩的革命性观点，自 1972 年《社会性动物》一书出版以后，几乎成为全人类共识。共读，作为一种简便高效的利器，在人们劈开心灵的厚重外壳，进行深层次社会交往，缔结深刻型、亲密型人际关系的过程中，是不可或缺的。

共读，必须从个体阅读说起。

孩子从懵懂无知成长为善于求知，从整体来说有三个阶段，必须循序渐进。一个人必须经历这三个阶段，才能成为成熟的读者。人一旦成长为成熟的读者，就完全可以在同一时间，同时拥有这三个阶段的特点，就能够让阅读更加有趣、更加有效，真正成为一种生活方式。

如果只有前两个阶段，缺乏第三个阶段，那么，读来读去，也不过于人无害、于己无益罢了。

这三个阶段特点各异。一方面，在挑选图书上，不同阶段的标准并不相同；另一方面，在阅读方法上，对处于不同阶段的人，也要进行不同的指导。

一是低级阶段——重在激发兴趣，让人爱上阅读。

这一阶段的阅读特点，就是强调娱乐性、趣味性。家长或老师在挑选图书时，一定要尽量投其所好。对方喜欢什么，就尽量给对方提供什么，让对方觉得读书是有趣的，激发起他们内在的动力。

二是中级阶段——重在增加数量，让人养成习惯。

在挑选图书时，要注意从图多渐渐变成字多，注意图书内容要轻松、流畅、易懂，让对方觉得读书是轻松的，可以囫囵吞枣。而且，不要强求阅读时（字、词、句）如何规范，要重视养成孩子在生活中不断发现问题、有问题找书解决的习惯。

三是高级阶段——重在提高质量，让人训练思维。

在挑选图书时，务必注意经典性，注意离开阅读舒适区，提高阅读能力。在具体方法上，就要注意图书的分主题阅读（即围绕一个主题阅读多本图书）、深度探讨（即围绕一本图书进行深入交流）。在这样的阅读中，特别强调"读创一体化"，即输入为了输出，阅读为了创作，阅读之中存在创作，创作之时需要阅读。

需要注意，这三个阶段，不仅针对未成年人，也针对成年人。

对儿童来说，如果亲子阅读做得早、做得好，在小学二年级就可以到达第二阶段。一般情况下，孩子在小学二年级可以结束第一阶段，在小学中年级可以完成第二阶段，到小学高年级就可以进入第三阶段。

因此，学习太忙，没有时间阅读，都是无知者在自欺欺人。在进入小学高年级以后，孩子就会成为相对成熟的读者，根本不需要大量阅读。真正成熟的读者，并不一定要读特别多的书，他们已经深入"读创一体化"之中。

我一直呼吁：书是粮食不是药。自然，食补胜于药补。以此为基础，就可以继续推理出最简单的比喻。

低级阶段，阅读是让人爱上吃饭——千万不能患上厌食症，否则今后有多好的饭菜也不想吃。

中级阶段，阅读是让人把饭吃饱——人家在那里吃点饭，你守在旁边，专门注意掉了几颗饭粒，烦不烦？有价值吗？

高级阶段，阅读是让人吃了之后进行吸收——消化能力不强的，吃得多好，吃得多饱，身体不能汲取营养，也没用。

在中国，人们提倡阅读好多年。近年来政府推动阅读的力量巨大，全民阅读开始出现了一次小热潮。实际上，关于阅读的研究，真的才刚刚开始。在信息爆炸的时代，有时候只靠嗓门大、胆子大，凭歪理邪说就能在一时之间独霸一方。必须小心甄别各种理论，否则毁掉的是一生的成长，是一个人的精神生命。

与三个阶段相联系，阅读也有对立的两种思维。在当下的阅读研究中，仅从最基础的思维方式来看，就在似是而非的问题中，出现两种道路。

比如，有人说读书有三种境界：生存、生活、享受。

顾名思义，第一层生存，是为了吃饱饭，能够在大千世界找到立足之地；第二层生活，是为了吃好饭，能够丰衣足食；第三层享受，是进入纯粹精神层面的自我满足。这可以简单归纳为：生存对应实用型阅读，生活对应功利型阅读，享受对应超越型阅读。

这样的归纳并没有错。但是，需要注意一个问题：这三个境界，既是一个循序渐进的过程，又在实现最高境界后，变成一个整体前进的过程。而在具体阐释中，因为思维方式不同，出现了截然不同的解读。

在达到享受境界之后，并不意味着从此抛弃了生存境界。

信息时代的人生，其跌宕起伏远超农耕时代，荣华富贵也指不定哪天在朝夕之间就烟消云散。怎么办？那就重新为了生存而读。

与此同时，阅读之极乐正在于，一旦成为成熟的读者，进入最高的享受之境，无论外在物质环境如何贫瘠、精神环境如何恶劣，只要有书，就无法阻止人从读书中享受到精神至乐。正如朱永新先生所说的那样，"读书本身就是目的"。

人生幸福，归根结底，都是精神的。哪怕是妻子、孩子、房子、车子、票子等，从表面看是物质，能够让人开心，事实上，绝大部分的愉悦感受仍然来自这些外在物质条件引发的精神上的欢愉。

错误的思考之所以错误，是因为那是一种简单的思维模式，容易闹出吃饼的笑话：有个人饿了，疯狂吃了五张大饼，吃到第六张，才打了一个饱嗝，顿时回过神来自责——早知道吃第六张饼才饱，为什么不一开始就吃这张饼呢？

说到吃饼的典故，我们都认为这是笑话，说到读书，却有太多人犯这种冷笑话的错。

比如，很多父母老师苦恼的是：为什么孩子现在这么大了，读的书多了，却还重新翻看以前读的（幼稚的）书呢？我们在阐述阅读必经三阶段时已经指出过，这三个阶段必须循序渐进。一个人必须经历这三个阶段，才能成为成熟的读者。人一旦成长为成熟的读者，就完全可以在同一时间，同时拥有这三个阶段的特点，就能够让阅读更加有趣，又非常有效，真正成为生活方式。

对这三个阶段的关系，也有正确理解和错误理解。以上所述，是希望读者能够懂得有意识地调整自己的思维。阶梯式图谱，容易造成非黑即白的线性思维，这是一种简单粗暴的思考方式，容易偏激。同心圈式图谱，可以称为网状思维，能够提醒我们既循序渐进，又永远包容，既见外圈之整体，又见内圈之细节，这是一种现代的开放思考方式。人一旦调整了思维模式，就可以将其运用到人生的一切地方，不止读书。

回到读书话题上，阅读是什么？

美国学者斯蒂芬·克拉生在《阅读的力量》一书中告诉我们，"阅读大概是目前全世界最常被提及的心流活动"。心流又是什么？作为心理学的一个名词，心流指的是"当人们专注而轻松地投入某种活动时所达到的一种心理状态。当人们处于心流状态时，日常关注的事，甚至自我的感觉都会消失，对时间的感觉也改变了，对活动以外的其他事情都觉得无关紧要"。

正因为心流的存在，所以在关于阅读的调查中，无数普通读者表示："沉醉在阅读中，平常担心的问题就都会消失无踪"，"阅读让我从日常生活中难以忍受的……逃离出来……我得以逃离周遭的人、事、物，逃离我自己的烦恼与不满"。

正因为心流在阅读中如此强烈地存在，共读才得以成为一种以群体方式开展的积极阅读方式。在个体阅读时时常以逃离方式呈现的心流力量，在群体阅读时得以汇聚，成为一种强大的、向上的彼此支持、互相助力的心灵力量，从而导致一个人群整体心理状态的改变，更加迅速影响世界并改变世界。

所以，当英国著名作家毛姆称"阅读是一座随身携带的小型避难所"时，我们当然必须认可阅读在这个层面的价值。问题是，人不可能一直在避难所庇护之下生活。所以，仅仅阅读是不够的。阅读是为了更好地行动，我们必须更为勇敢而智慧地劳作，建造我们的家园。甚至，只有拥有足够的勇敢、智慧、乐观，才能借此守护人性之中的善良。

亲子共读：最简便的家庭教育

在亲子共读中，我们特别强调情感的重要性。在这里，我们发现亲子共读在家庭生活尤其是家庭教育生活中，形成了一个重要循环。

第一，书因情而活。无论大人还是孩子，只有对书中描述的世界投入感情时，书中的人物才会成为心灵上的朋友，才会产生类似"身教"的效果。显然，这种"身教"也重于言传。

第二，书因信重生。古人云，尽信书不如无书。我们认为这是从知识上而言。从精神而言，我们提倡不信书就不读书。阅读需要去粗取精，当我们从书中去除糟粕、提炼出自己相信的真知时，就会把书中人视为自己的镜像与榜样，从而活出书中人的精神。

第三，书共鸣生情。有情有信的亲子共读，是繁忙生活中最直接的心灵交流，本身就是两代人建立情感的过程。这种情感既滋养生命，又反哺阅读——因为思考才能让阅读有效，而情感又是点燃思考的导火索。

对于相对缺乏教育专业知识、承受生活重重压力的现代父母来说，能够抓住并且好好利用这个共读的循环，就意味着家庭教育走上了一条捷径。

针对小学中高年级以及年龄大一些的孩子，特别推荐"双向推荐亲子共读法"。一般的亲子共读，总是在孩子年幼时，父母讲故事、读故事给孩子听。这种办法则是亲子共读两本书，其中一本由孩子选，一本由大人选。此种读书方式，不妨坚持一生，因为它好处多多：有助于营造家庭平等的民主气氛，有助于父母"侦察"出孩子的真实喜好，有助于两代人情感交流，有助于培养孩子的独立意识……

最重要的是，处于这个无根的时代，能创造出一个智慧而进取的幸福之家，无论对大人还是对孩子，都是一生最大的财富。而这种坚持一生的亲子共读，或许是家庭成员之间进行精神交流的最简便办法。

师生共读：最高效的教学工具

师生共读，其行动本身就是最好的教育——教师用榜样的力量，让孩子们开始阅读。

无论大人还是孩子，没有一颗心会被道理说服，但所有的心都可能被故事熏陶。

教室里进行的共读和家庭中的共读，形式相似，目标不同，所采取的路径也不相同。家庭中的共读更注重润物无声，教室里的阅读则需要立竿见影。

师生共读，只有起到食疗作用，达到食补胜于药补的目的，课外读、课内补，让课外阅读与课内考试有机结合，才能稳步推进。换句话说，正是师生共读的效果，决定了教师能够在多大程度、多长时间上坚持师生共读这一做法。

但是，如何切实有效地运用共读工具，是一个需要扎根不同教室、结合具体学生、针对各自问题，不断摸索前进的无尽旅程。在师生共读上，有以下三点建议。

第一，长短结合。在小学中高年级及更高年级的教室里，共读的长篇，应该以全班学生的平均"阅读年龄"为标准，精心挑选书目，解决普遍问题。我提出"阅读年龄"这一概念，定义是：根据读者的心理年龄和阅读能力结合形成的判断阅读水平的标准。根据这一标准，共读的短篇，应该是班级偶然发生问题时，以解决问题为目标，选择相应的故事进行共读，以求立竿见影的效果。

第二，广义共读。有一个问题长期以来一直被我们忽视——对于真正喜爱阅读的师生来说，所有摆放在教室里的图书，基本上最后都会被所有同学阅读。这是一种自由状态下的共读。因此，教室里的书并非越多越好，而教师选择将怎样的图书长期摆放在教室里，本身就在开展一种共读。

第三，深度共鸣。每间教室都有遭遇各种成长困境的学生，对这样的学生，需要用戏剧形式，让他们的生命与书籍形成深度共鸣。因此，这是一种精读过程，从剧目选择、角色竞选、反复排练到最终演出，教师都应该对这些成长中的学生特别关注。

家校共读：最实用的共建平台

我们无意否认学校教育的重要性，但我们必须承认，欠缺家庭教育辅佐，再好的学校教育也可能危如累卵。药家鑫、李天一等人身上暴露的问题，正以一种极端方式向我们呈现这一常识。

如何把家庭引入教育共同体中？有许多方式。在具体推进中，我们发现采用传统方法的讲座，对父母与教师双方来说，热情激发得快，也消散得快。共读却能够真正促进家庭教育和学校教育之间融合，甚至互补。

在家校共读的开展上，有两种方法推荐。

第一，以活动带动阅读，以榜样代替监督。

在具体操作上，影响孩子从影响父母做起，各类读书节活动，都应该对父母敞开大门。比如，组织家庭好书展，以学校、年级甚至班级为单位开展，发动父母，感染父母。在展览现场，邀请父母们上台讲述自己爱书、孩子读书的故事，不仅为孩子树立了榜样，也为其他父母树立了榜样，同时又可以顺理成章地推动书目推荐、阅读办法指导等相关工作。

第二，零碎时间利用多媒体，积极渗透。

在具体操作上，可以利用校信通、飞信、微信等平台，针对具体问题随时发布简短、可读的家庭教育类信息坚持下去，水滴石穿，提高学生父母的教育素养。

团队共读：最深入的合作试炼

所谓团队，就是工作中的家庭。真正的团队成员，是精神上的家人。

因此，从精神个性中寻觅共性，从而达到最默契、最深入的交流，从工作事务中保证基本执行力又发挥特色，从而实现独当一面又互相补台的合作，是团队最大的目标。从这两个方面来看，共读都发挥着不可取代的作用。

在团队共读中，有几种有效形式。

一是共同阅读，共同研讨。这是最常见的共读方式。也就是所有人读一样的书，最后进行交流探讨。

二是分头领读，分别共享。对于篇幅很长的图书，可以由不同人员或不同小组，分别负责读其中的一个章节，最后共同分享。这种共读法可以最高效地利用时间，让团队成员在最有限的时间内获取最多的知识。

三是互荐书目，无碍"悦"读。对于成熟度较高的团队成员，可以以互相推荐自己最喜爱的书目为途径，进行沟通分享。这种共读的规模不宜太大，能够有效促进个人与群体、一个人与另一个人之间的沟通，从合作上达到效益最大化。

网络共读：最自由的灵魂碰撞

网络的出现，深刻地改变了人类的生活。网络，既是一种其他共读方式时常用到的工具，又是一种特殊的、容易被人忽略的共读方式。

网络共读有三个特点：一是超越时空，又具备强烈的现场感；二是主题集中，但通常需要自主探索；三是交流平等，极易形成思维挑战。

但是，一则出于人的忙碌，二则出于人的惰性，一方面网络信息越来越浩瀚，另一方面人们越来越疏于利用网络资源。比如，在简单的网络信息的查找搜集上，大多数人只用最常见的搜索词，只看最前面的三五页。再如，微博的碎片化表达，更是粗暴地割裂、简单地提纯了复杂的人性，把简单的人云亦云变成一种片面的民意表达。

所以，人们在组成网络阅读共同体之后，需要带头者引导，以主题引领、广泛调研、集中讨论、反复打磨的方法，形成相对深入的交流。

城乡共读：最平等的精神互助

在现实生活中，扶贫往往成为贫困诞生的"根源"。

贫困本是一个相对的概念，而人们怀着救世主的心态去偏远山区、经济欠发达地区扶贫时，就已经将封闭与落后相连，将贫穷与保守相连，就催生了受帮扶地区人们精神上的贫困。

只有倡导精神平等，通过双方互相尊重的交流，实现受捐者和捐助者双方的精神互动，促使双方同时获得自我认同，才是真正的扶贫。这是一个高远的目标，而实现这一目标的途径，当然需要特别有力的抓手，共读正是其中之一。

从宏观来说，城市焦躁病和乡村空心病，是现代化带来的两极分化中同时出现的两种问题。在发展进程中，城市和乡村需要互相汲取优点；在共同创造中，让城市和乡村都在当下拥有幸福。

尊重比爱更重要。城市与乡村之间不同群体的共读，能够帮助双方形成共同的精神密码。这样的精神密码，是尊重的必备条件。

全民共读：最根本的民族精神

全民阅读的推动，迄今仍然面临重重困难。我们必须反复强调：迄今为止，人类最深邃、最宝贵的精神财富，还是蕴含在书籍里，因此，阅读是获取精神财富最重要的途径。迄今为止，阅读是一种最廉价、最有效的工具，它以改造自我来改变世界。自我教育是最好的教育，阅读能力是最好的自我教育能力。

因此，在推动全民共读的工作中，有两个问题至关重要：读什么？怎么读？

全民共读读什么？从一定意义上说，民众读什么，已经基本决定了一个民族的精神。对于一个民族来说，在诸多思想中，撷取哪几种更能适合当下、滋养当下、激发当下，需要以智慧来取舍。最简洁而直观的取舍办法，就是编辑书目。这就是书目的价值与意义。

全民共读怎么读？研究已经告诉我们，阅读并非来自外部的灌输，而是读者内部已知的重新建构。因此，拥有书目，便于按图索骥；阅读得法，更会事半功倍。

早在 1995 年，朱永新先生就已组织苏州大学的教授和全国知名学者，开展了中小学生和教师阅读书目的研究与推广工作，策划出版了《新世纪教育文库》。2010 年，新教育新阅读研究所成立，该所在 3 年中推出的中国小学生基础阅读书目、中国幼儿基础阅读书目，以其专业性备受社会各界好评。他们将持续努力，最后将其汇总为一部中国人基础阅读书目。

我创办的新教育新父母研究所，在2014年9月与新东方家庭教育中心联合研制推出了《父母阅读推荐书目100本》，并接受新阅读研究所委托，协助朱永新先生在2016年9月研制推出了《中国父母基础阅读书目》。

希望我们绘制出的父母阅读地图，能让文化的美好通过教育的高效，在家庭这个最小的社会细胞里得到最低损耗的传承。

全球共读：最美好的平和世界

每种伟大的学说，都扎根于各族文明之土壤；创造者以个体之深度，以生命为箭矢，突破时空的围剿，思接千载又集于一身，从而展示人性本质之善、人世多变之真、人类探究之美，从个体的横截面上体现出整体。问题是，橘生淮南则为橘，生于淮北则为枳，假如两地种的本非一物，则冲突更甚。因此，数千年来，世界各国的诸多学说，从丰富性讲固然是百花齐放，从矛盾性看却也是百家争鸣。

当今的时代，霸权主义、民粹主义、单边主义、恐怖主义……每种主义都是一堵高墙，将人群隔离；每种主义都是一层硬壳，将心灵包裹。

有人说，人与人之间的矛盾，99%来源于沟通不畅。人与人之间如此，人群与人群之间也是如此——无论国家还是民族，以及因不同信仰而生的宗教团体等，其本质都是以不同标准划分的人群。一方面是全球一体化、扁平化，信息流通极为迅速；另一方面，信息流通并不等于心灵沟通，反而会因为信息在流通中的压缩、变形、损耗而导致误读。

在这样的世界里，被不同种族、不同文明、不同信仰、不同国家、不同民族甚至不同性别等诸多不同割裂的人类，该如何共存？

答案还是共读。

跨文化研究结果显示，在各种不同文化与群体的组成分子中很容易发现心流状态。例如，日本的摩托车帮派分子在骑车过程中会经历心流，攀岩的人在攀爬过程中也会体验心流。所以，我们完全可以推断，哪怕彼此之间拥有再多不同的人群，只要是人类，就会在共读共同认可的伟大作品时，借由心流的产生，趋向于和而不同，最终创造出一个最为美好的平和世界。

何为平和世界？就是人人平安、天人和谐之境。

为实现如此目标的共读，我们又需要读什么呢？我想，我们应该共同凝眸，久久凝望那些伟大、卓绝的心灵，比如雅努什·科扎克。

波兰儿童文学作家、教育家、孤儿院院长雅努什·科扎克，为陪伴他教育的孤儿院里的近200个孩子，一再放弃生存的机会，最终和这些犹太孤儿一起走进了纳粹集中营。

科扎克在生前一直坚称，自己既是犹太人，也是波兰人，为此受到无数诋毁。可是，哪怕在"二战"期间，他也在艰辛地搭建着犹太人与波兰人之间的桥梁，直至为此失去生命。

在科扎克死后，从1967年开始断绝外交关系的以色列和波兰两国，一直派人出席对方国家举办的科扎克庆典，从未缺席，两个国家都宣布科扎克为本国国民。秉承和解精神，在一次会议上，一位以色列代表和一位犹太区前战士共同提议，科扎克在波兰应该被称为犹太人，在以色列则应该被称为波兰人。

共读吧，我们这个世界需要共读这样的心灵！这是柔弱的人类的心灵，却比任何星辰更加光芒四射，因为它是生命之光、人性之光。只要人类存在，这光明就必然穿透一切，柔和而又恒久地指引着我们前行的方向！

过去的痛苦，经由时光提纯，可以成为今天的财富。科扎克的不幸，历经岁月打磨，已经成为我们的精神宝石。

我相信，通过对这类图书的共读，心流将冲垮高墙，粉碎硬壳，就像波兰与以色列双方人员互相出席科扎克庆典一样。平和世界，终有可能。

不过，很显然，这样的平和世界在我们有生之年，只是一个梦想。但是，我仍然愿意相信，因为科扎克这类人的存在，因为教育的存在，这个梦想值得我们坚持下去。人类存在一天，这个梦也必须坚持下去。

今天，我们以缘分之名，以共读之实，向平和世界迈出了小小一步。我们必须一步又一步走下去。归根结底，人类背负的是同样的梦想。我们从不同的河流出发，只要这样不断地共读、共行，也只有这样不停地共读、共行，同样的心流必将筑起最为宽广的心桥。在这座心灵之桥上，你、我、他，我们纵然需要跨越时空，也终会相遇。

十四 家校双极激活教育磁场

家校共育的理论与方法

家校共育，在中国早已不是新鲜话题。尤其从学校教育的角度来看，如今几乎每个老师都知道，学生出了问题肯定是家庭教育有问题；几乎每所学校都知道，择优择的往往不仅是优秀的学生，也包括这些学生背后的家庭。由此才有"寒门再难出贵子"的呐喊被无数有识之士关注。在此基础之上，家校共育工作几乎成为父母为孩子加强教育投资的另一砝码，也俨然成为名校展示自身实力的一大杠杆。

　　以新教育实验为例。

　　自 2009 年 7 月开始，笔者深入新教育实验，了解到家校共育早已付诸行动。在 2000 年《我的教育理想》一书中，新教育实验发起人朱永新先生就提出"理想的父母"系列观点。从 2004 年开始，新教育实验就以"优化家校合作"为主题进行探索，成立了"莫愁新父母学校"等一系列机构，真正有效推动了家校共育的开展。朱永新提出的"教育始于家庭""与孩子一起成长"，以及以平等的"父母"取代暗含专制意识的"家长"这一名词等一系列观点，均得到广泛认可，不仅被新教育实验的同仁践行，也促进了全社会的家教理念更新。

　　在新的历史形势之下，家校共育已经不再仅仅是教育的有效补充和组成部分。和阅读一样，家校共育工作，也在时代变迁中，越来越凸显出重要性，已经成为教育的另一个基石。在过去，如果没有家校共育这块基石，学校教育肯定难以做好；在当下，我们可以肯定地说，教育一旦缺少家校共育这块基石，即使拥有现在，也无法创造未来。

　　因为时代变了。

人类已经步入信息时代，而且步伐以加速度的方式越来越快。

展望世界，我们能清晰看见，一个封闭而又阴暗的家庭，加上全然开放又泥沙俱下的网络，会给人类带来多大的创伤。在世界范围，恐怖主义从组织严密的集体进攻，到"独狼"个体神不知鬼不觉的行动，其罪恶及影响正在因为网络而无限扩张。在各项防范应对措施之中，教育作为人类自我拯救的手段，需要如何回应这一挑战？

反观中国自身，党和政府以前所未有的力度，聚焦家庭教育，强调家庭和家庭教育的重要性，明确指出：中华民族历来重视家庭，家庭和睦则社会安定，家庭幸福则社会祥和，家庭文明则社会文明。我们要认识到，千家万户都好，国家才能好，民族才能好。

以上看似毫不相干的一切，在本质上有一点相同：都处在信息时代。信息时代，以网络为代表的科技进步，正在放大个体的声音。个体的力量，正在以前所未有的方式被放大。哪怕一些群体，当他们在呈现结果的时候，也都以个体方式呈现。比如，一个又一个机构的官方微博，都力图以人性化的特点，赢得受众青睐。

正如朱永新先生在《未来学习中心构想》中指出的那样，未来学习中心将替代现有的学校，它有十个方面的特点：本质个性化、环境互通化、时间弹性化、内容定制化、方式合作化、经费多方化、教师多元化、考试咨询化、学习终身化、教育幸福化。

稍加分析我们即可发现，在实现未来学习中心这十个特点的发展中，推动家庭教育的发展，不仅是一条捷径，也是必由之径。

我们绝非号召以家庭教育取代学校教育，只是客观规律已经昭告我们：在循序渐进又日新月异的发展中，我们完全可以说，从工业时代的千人一面，发展到信息时代的千人千面，这是不可逆转的时代潮流。教育必须回应也必然回应这一时代的呼声。在这一时代变迁导致的教育升级之中，家庭教育将起到越来越大的作用，家校共育也将随之在教育中具有越来越重的分量。

今天，我们重新回顾家校共育的主题，就是为了重新理清家庭、学校、教育之间的关系，重新梳理家校共育的误区、原则和方法，希望通过这些梳理，重新定义家校共育。通过阐释、定位家校共育的价值和意义，让人们意识到，建立在新的教育定位之上的家校共育，对中国发展的价值和意义，对推动中华文明进程的价值和意义，乃至意识到崛起的中国、占世界人口五分之一的中国对整个人类文明的价值和意义。

这样的全新认识，可以为我们前行提供更强动力，为我们的工作探索出更多方法。

家校共育的磁场效应

信息时代，家校共育的独特价值，我们可以将其称为"磁场效应"。

从物理角度来看，人的一生通常要经历子宫、家庭、学校、单位四个场域。这四个场域又可以分为两大类：家庭属于一类，其他三个属于另一类。也就是说，家庭可以随时与其他三个场域形成对应关系。

善良的人们一度希望将对应的两端合而为一，以至于"以厂为家""以公司为家"这类口号甚嚣尘上，不过最终还是归于沉寂。因为，混沌不清永远只可能存在于原始社会，在现代社会在事实上已经有不同定位的两端，不可能完全成为一体。就算学校再像家庭，家庭再像学校，双方也有各自不同的功能。我们不可能也不可以无视客观事实，把家庭变成学校，把学校变成家庭。

但是，在一定前提条件下正确存在的两端，可以成为南北两极；一旦产生精神交流，就可以形成磁场；一旦产生精神共振，磁场效应将会以强大的磁力发挥巨大作用。这种磁场效应本身，就是一种广义上的教育。磁场效应不仅远期具有立足教育、辐射社会的重大意义，而且当下就具有"不教之教"的良好效果，是教育应该主动追寻的理想状态。

以子宫、家庭、学校、单位四者之间的对应关系来说，其中最为常见也最容易保持良好状态的，显然是家庭、子宫这两者。一位妈妈在家庭中得到呵护，才能孕育出新生命。新生命降临时造成的幸福与忙乱、甜蜜与担忧，种种两极分化又同时存在的事件，又反馈传达给新生命，从而形成一个生命一生中最初的精神底色——这种人类在婴幼儿时期所受教育的不自觉性和重要性，早已被教育家蒙台梭利的研究证实。这，就是磁场效应。

同理，在家庭和学校之间，从物理场域上来说，本就是教育活动发生的空间。更重要的是，无论教师和父母是否有意识，都必须围绕教育问题进行或多或少的精神交流，这就形成了教育磁场。我们在家校共育的工作中要做的，就是把精神交流发展为精神共振，从而加强教育磁场的正向磁力，让这种磁力不仅作用在处于磁场之中的学生身上，也同时作用在磁场周边所有相关人员（如教师、父母）身上，并通过磁力的持续向外扩散，将教育的影响力继续向全社会辐射和传播。

在这里我们还必须注意，在家校共育中，家庭和学校只是磁场两极的代表。正如一个人一般会经历四个场域那样，理想中的家校共育，包括以学校这一专业教育机构为一端，以其他三个场域为另一端的三种组合。

我们希望，父母在孕育子女之前，就能够在孩子可能入学的幼儿园或学校成立的新父母学校里，接受教育和指导，科学地进行优生优育；我们希望，孩子入园、入学之后，幼儿园或学校能够与家庭形成最佳的合作共育关系；我们希望，单位或家庭所在的社区，能够与学校形成更大范围上的合作，从社会的角度助力教育。

但是，以当下现实来说，第一种优生优育阶段的教育工作，一时之间难以与学校教育进行统筹，第三种有关社区的家校共育工作，尽管在教育工作层面，社区发挥作用的方向越来越鲜明，发挥的力量越来越大，但还是有诸多难处，一时之间还不足以像家庭教育那样具有举足轻重的分量。

尤其是社区的家校共育工作，这一概念是1887年德国社会学家腾尼斯提出的，在诞生后，其内涵不断丰富，类型不断增加。国际上的家校共育，早已将学校和社区的合作纳入其中。中国直到1991年才在社区服务的基础上，由民政部提出城市社区建设的概念，2000年中共中央办公厅和国务院办公厅转发了《民政部关于在全国推进城市社区建设的意见》。发展时间短，加上中国幅员辽阔、地区发展不均衡，导致社区的发展类型复杂多样，自身也面临转型和定位调整。正因为中国社区工作的特殊性，新教育实验在推动萤火虫亲子共读项目时，并没有立足于社区，而是立足于学校辐射社区，充分发挥学校的教育主体作用。

所以，从国际通行惯例来看，在家校共育的合作中，包含学校与家庭、社区的合作。从某种意义上说，社区就是大家庭。家庭在家校共育中所能发挥的所有作用，如果让社区这个大家庭同样发挥，必然取得更好的效果。为行文简洁，本书以学校与家庭的合作代表学校和其他三个场域下的三种家校共育方式。

我们曾经呼唤，学校应该成为汇聚美好事物的中心。如今，我们应该强调，家校是汇聚美好事物的中心。让家校成为汇聚美好事物的中心，就是让家校双极激活教育磁场，让不教之教的磁场效应，更快、更强、更广地影响他人，改良社会。

以磁场效应为追求的新家校共育，不是简单希望建立一种双方合作的关系，而是希望重新确立主体、各自全新定位、双方有机融合，通过信息时代的教育完整，实现生命更深邃而持久的幸福。

信息时代的家校共育

1. 学校和学校教育

我们的学校，经历过漫长的发展过程。人类在漫长的岁月里，曾经只有教育活动，而没有学校这种机构。到工业时代，才逐渐诞生了现在我们通常所见的学校。最新研究认为，公元前 3500 年左右，两河流域苏美尔人的"泥版书屋"，应该是全世界最早的学校。

直到工业革命之前，最初的学校教育都是少数贵族才能享有的特权，绝大部分人的教育仍然主要是在家庭和社会的生活与生产中，面对面地直接进行。

工业革命有一个划时代的创举——流水线诞生。这种高效的工作方式，堪称工业时代的隐喻。由此，教育也发展到第三个阶段，诞生了我们今天熟悉的现代学校。和流水线相似，工业时代的现代学校，也有统一的教材、统一的教学大纲、统一的上课时间、统一的教学内容等。

我们现在身处的现代学校，建立在工业革命的基础上，萌芽于工业时代。我们正在经历着轰轰烈烈的信息革命，双脚已经迈入信息时代的洪流之中。现在全世界数字内容的数量可能已经超过了地球上所有海滩上沙粒的数量。仅在教育上，无论形式上的慕课，还是实际操作中的人工智能，都正在冲击着学校，冲击着我们习惯的教育。

了解学校在历史上的变革，是为了懂得学校自身的变化，消除学校教育工作者的盲目自信与盲目乐观，使他们冷静地面对现状，不断思考、展望与行动：我们未来的学校应该是怎样的？我们现在的学校应该怎样改变，才能创造理想的未来？

甚至我们还可以反观现实，平息内心的惶恐或愤懑。比如，热爱教育的人们对教育满怀期待，由此也对教育现状充满不满和抱怨，并且习惯于把教育所有的问题都指向体制，似乎一切与己无关。我们应该理性地分辨：这是真的吗？

的确，制度改革是推动教育进步的关键步骤，但是，这一味药绝非教育的十全大补丸。我们必须越过体制这个理由，才能看见比体制更为巨大、更为隐性，如同空气一般存在从而被人忽视的更大原因，那就是腾飞的中国正在和全世界一起步入信息时代。

在以加速度迈进信息时代的巨变之中，不论哪个国家，不论哪种体制，都毫不例外地遇到了比以往更大的问题。教育作为社会的精神之本，作为人民的思想萌芽之地，就会受到格外剧烈的冲击。

我们今天的探索，必须放在这样的背景之下，才能立足于当下学校的优势，把家校共育的潜能充分发挥出来。

2. 家庭和家庭教育

什么是家庭？

我们可以在不同词典上看到不同的定义。比如："以婚姻和血统关系为基础的社会单位，包括父母、子女和其他共同生活的亲属在内。""家庭是指在婚姻关系、血缘关系或收养关系基础上产生的，亲属之间所构成的社会生活单位。"仅从这两个概念，我们就可以看见第二种对第一种的改变——补充了收养关系。

在世界范围，德国早有法律规定未婚同居产子的合法性；美国在 2015 年联邦最高法院做出全境同性婚姻合法化的历史性判决后，成为全球第 21 个全境承认同性婚姻的国家。就在我国台湾省，也有着婚姻平权之争，在 2017 年 5 月 24 日宣布同性婚姻"不被非法化"，迈出了历史性一步。

世界如陀螺，正在急速旋转。这些改变，并未推翻家庭的定义，但在丰富着家庭的内涵。而这蝴蝶效应般的变化，造成人心不断摇摆，在摇摆中碰撞，在碰撞中修正，从而深刻影响着家庭的存在、家庭教育的开展以及家校共育的推进。

家庭的本质，在于个体和他人的关系。

正是基于这个本质，一个人在家庭中与他人相处的方式，形成了他日后进入社会与他人应对的模式。所谓"性格决定命运"，准确地说，其实是应对模式决定命运。性格并无截然分明的优劣之分，但是，同样的性格会因为应对模式不同而呈现为优点或者缺点。比如，无论内向还是外向，都只是性格不同，各有优势。但是，一个人形成了勇于接受挑战的模式，那么，无论内向还是外向，到关键时刻一定会挺身而出；一个人如果形成的是退缩怯懦的模式，那么即使外向开朗，到紧急关头也会难以经受考验。决定一个人命运的这一切应对模式，无论思维方式还是行动方式，都是在家庭中形成的。

在我们敏锐地意识到家庭也和学校一样，其含义在不断演变之后，我们应该更为清晰地意识到，中国的这一演变进程或将格外艰难。

在世界范围，文明进程大不相同。发达国家经过文艺复兴的思想启蒙，经历马克思主义、存在主义等现代主义的思想奠基，在全社会已经建构了全民普遍认同的基本思想体系，随之迎来了后现代主义的冲击。简单说，后现代主义的本质，就是对一切进行解构，"人们越来越关注差异、多样性、与权力并行的边缘化以及特权。与此同时，普遍性不但被解构，还被看成是多余的"。

但是，因为全球化的推进和网络的普及，后现代主义思潮几乎同时冲刷着发展中国家，尤其是中国。

当下中国，经济发展到了滋养文化复苏的阶段，人们在生活中，逐步从对物质财富的追寻，开始萌生对精神生活的追寻。但是，我们面临的是重重挑战：中国优秀传统文化刚刚经历过深层的断裂，正处于自我修复中；具有中华文明之魂的现代文明，尚未成形；包括经济体制、社会体制在内的体制转型，正在艰难推进。中国处于这样根基未稳、亟须建构的境遇，却在历史洪流中与后现代主义迎面相遇。后现代主义在中国，一方面固然推进了多元化进程，让人们越来越包容，另一方面也让无序乃至虚无蔓延。

立足未稳之际，冲击显得格外剧烈。家庭作为社会细胞，不仅无法置身事外，而且首当其冲。

随着社会发展，中国传统以男性为主的垂直的线性代际家庭结构，已经被越来越平等的水平结构取代；即使如今仍然存在以往代际结构的家庭，原有的封建等级等特征也越来越弱化。

伴随这种良好的开端，家庭中逐渐浮现出新的特点，如夫妻关系的功利化、子女关系的淡漠化、家庭生活的物质化、伦理情感的浅薄化、精神追求的浮躁化等。每天都有无数令人错愕的社会新闻，以一个又一个真实的事例，成为佐证。

家庭尚且如此，家庭教育就可想而知了。

任何现实中出现的危机，既可以成为一蹶不振的起点，也可以成为教育重构的良机。为重建家庭文化，重振家庭教育，我们提出"元家庭"概念，希望以元家庭的"灯塔效应"，抵御当下家庭面临的种种危机，重返家庭，重塑家族。

我们提出的元家庭，根据生命叙事理论，通过家庭个体叙事，以文字、影像等具有传播可能性的载体，在文化上重建家庭精神叙事。这种源自真实的记录，将在更长久的时光中流传，从而让更侧重空间层面的家庭，向更侧重时间层面的家族转型，将家风、家训等家庭文化，建构于具体的家庭个体叙事之中，在时空中有如灯塔一般，不仅照亮当代的他人，更照亮代际传承中的后人。

家庭个体叙事，当然就是叙述故事。家庭中的某一个体，通过自定主题的叙事，汇聚选编素材，进行自由叙述。它作为一种人本主义的个性化表述，选编生活中的重要人与事，叩问内心的成长，梳理、总结、提炼，以个体生命的成长与记录，抵抗日常生活对生命进行的单一评判，抵抗对英雄精神的盲目追求导致的"成者为王，败者为寇"的功利化副作用。与此同时，家庭个体叙事在解构中并未瓦解根本，而是重新建构起更加稳定的新英雄精神：英雄精神在于对自我进行审视，从当下出发，不断调整自我，不断自我超越。由此，每个叙事的主题都可以成为叙事中的主角，每个独立的生命都有机会建构自己的英雄故事。

工业革命泯灭了个体差异，后现代主义理论应运而生，有其积极意义。因为日常生活的琐屑与后现代主义的冲击，人生意义随之被解构乃至消解时，叙事重整了自身的过去与现在，本身就成为新的教育方式之一。

名人家庭总会因为名人受到更多关注，这与其说人们关注的是名人，不如说人们不自觉地关注名人光环下有着怎样的精神在传承。家族，就是传承精神的重要渠道之一。

元家庭叙事，就催生着家庭中的名人。自身的生命叙事受到家人认可的人，就是家中的名人，并将因其生命叙事被后人懂得、铭记。这样的建构，有血缘关系、生活联系等纽带，比一般纯粹的精神建构更为复杂，也就更为稳固。更重要的是，这样的建构，能够让每个人都成为自己的英雄，从而具有更广泛的意义。

从确立元家庭开始，一个家庭就真正具备了发展为家族的内在精神力量。以元家庭中的精神去生活的人们，可以用两三代甚至更长的时间，传递家族精神，追寻家族梦想，极大缓解因为生命时间有限，导致在生活中出现杀鸡取卵式的短视浮躁行为。

元家庭如何建立？我们认为，在教育之中，尤其在家校共育的过程中，和孩子共同书写、共同记录、共同成长，无疑是其中一条操作最为便利、效果最为明显、作用最为多重的路。

这是一条在现有的时空之下，值得我们去遵循的现实之路，也是可以确定如此走下去，必然出现美好未来的希望之路。

3. 信息时代的家校共育

综上所述，在我们以未来之光照耀当下的时候，我们的家校共育应该走向哪里呢？

认识到家庭在教育中的独特性和在信息时代的重要性，就肯定了家庭教育和学校教育的平等性。与此同时，现有学校作为教育专业机构，具有场地、专业等方面的资源，在家校共育行动中起主导作用，也是顺理成章的。

但是，作为家校共育工作的主导，学校必须认识到，只站在学校一方立场上的家校共育工作注定会失败。

当下的家校共育工作，之所以启动容易、坚持困难，是因为许多学校认为家校共育是家庭配合学校的工作。

学校罔顾工业时代到信息时代已发生的改变和信息时代下的教育发展大势，只是考虑学校工作方便，而不思考父母对教育从本质上能起到的作用。这样的思维定式，短期会导致日常教学工作平淡无奇，长远必然导致整体工作事倍功半。

比如，只站在校方的立场上，就容易把学校家委会定位于为学校（教育）服务。从学校整体工作而言，虽然这样的定位不够准确，但还可以起到一定的推进作用。问题是，这样的定位势必延续到班级层面，一旦班级中有一个职业道德与职业技能都不太高的老师，就会把班级家委会定位于为自己服务，而不是为班级（教育）服务了。一词之差，家委会的职能就全变了。而这样的家委会自然不可能真正赢得家长支持，自然丧失了家庭和学校两条腿走路的可能性。

只要在学校主导的模式下，确保家校平等，那么就自然而然会造成很多改变，形成一种复杂、稳定而内涵丰富的家校模式。仅仅以家庭和学校之间的关系来说，就有四种可能性。

第一种，卓越的学校会以好的理念和操作，吸引家庭做出改变。当年提出学校是汇聚美好事物的中心，正是建立在理想的学校教育可以引领社区家庭发展这个理念的前提之上。许多新教育实验学校正是因为取得了这样的成效，才赢得了广泛赞誉。

第二种，卓越的家庭会在成长中，以理念和操作改变学校。这一点在当下，尤其在中国许多城市里，已经能够非常明显地看出。很多家庭、很多父母对教育理念的学习和落实，对儿童的认识和理解，已经超越了学校，尤其是超越了具体的老师。湖南长沙博才咸嘉小学校长陈艳萍就讲述过类似事件。学校家委会的八名成员组建家委会之后，开始阅读教育学、心理学等相关著作。然后，他们找陈校长提出："校长，应该让班主任也学啊！"我们可以看到，原本孤立存在的家庭，通过家委会连接起来之后，通过对教育的学习，真正形成了改变教育的力量。在这种情况下，校方必须以开放的心态，向父母学习，才能不断汲取力量，尽快成长。

第三种，最为不利的局面，就是家庭和学校都很恶劣。这相当于大家都在一个臭泥潭里生活，彼此成为对方的恶劣环境，互相影响，进入恶性循环。在这样的家校关系中，双方都在强调对方的错误。当然，对方肯定会犯错，但是，当你指出错误的时候，自身却没有改正错误。环境是环境中的双方、多方共同营造的。在这样的局面中，哪一方能以正确的方式坚持自身的美好行动，就赢得了改变的先机。

第四种，最为常见的是学校和家庭互相学习，取长补短。卓越的学校和家庭总是少见的。常见的学校和家庭，都不可能完美，都有好有坏。家校之间彼此学习，学校汲取家庭之所长，家庭汲取学校和其他家庭之所长，在学校和家庭之间、家庭和家庭之间、学校内部教师之间，就能形成家校共育的良好氛围，共同成长。

什么是家校共育呢？

我们认为，家校共育，就是以确保儿童、学校、父母三方的应有权利为前提，以家庭和学校双方为代表的不同教育主体之间，通过互相学习和互相协助，各方成员都发挥各自所长，在共同探索的行动中，以助力儿童成长为核心，以提升教育品质、提高教育效能、共同创造并传播幸福为目标的教育生活。

家校共育的常见误区

"知之非难，行之不易。"尽管家校共育说了很多年，但无论家庭还是学校，对家校共育的认识不够全面深刻，对家校共育原则的把握不够清晰有力，对家校共育方法的探索不够丰富有效，在开展家校共育的过程之中，出现了诸多误区。

1. 家校共育的冷漠化

就家庭而言，体现为父母无视自身在教育上的职责，更不愿承担家校共育的责任。因为工作繁忙、生存压力等客观原因，更重要的是因为缺乏正确的教育理念、基本的教育素养，许多父母不能意识到家校共育的必要性，仍然持有"学校才是教育孩子的地方"这类陈旧观点，成为教育上的甩手掌柜。

就学校而言，体现为学校疏于家校共育工作，或者只是应付了事。尽管大部分学校意识到家庭教育的重要性，但仍然存在一小部分学校，习惯关起门办教育，或者认为家庭教育与学校无关，学校对此无能为力。另外，也不乏一些重视家校共育工作的学校，因为缺少正确的方法，导致投入巨大，见效甚微，最后只能置之不理，或者摆个样子走走过场。

2. 家校共育的肤浅化

就家庭而言，体现为父母重智育，轻德育，重视超前学习，忽视人格的塑造和情商的培养。家庭和学校都承担着育人的重任：家庭教育应该更重"育"，更重个性，注重孩子的人格养成；学校教育通常更重"教"，更重共性，注重知识的全面传授。但是，在教育中，许多家庭把自身的真正职责扔到一边，做了学校应该做的事，最后费力不讨好，捡了芝麻丢了西瓜。

就学校而言，体现为把家庭教育变成学校教育的附庸。学校一味要求父母承担检查作业等相关任务，不能从课程出发真正挖掘家庭教育的潜力，从而丧失了家庭教育的特点，也失去了家庭教育的意义。这样的家庭教育并没有真正和学校教育形成互补，免不了在开展过程中怨声载道，共育的结果也不理想。

3. 家校共育的集权化

就家庭而言，体现为重视长辈意志，轻视晚辈心声。父母在家校共育的过程中很容易和学校达成共识，而父母把自身未曾实现的渴望加诸晚辈身上，从而与学校联手，完全忽视孩子的身心发展规律和天赋特长。这样的专制行为造成的是全方位的压力，一旦真正发作必然导致无可挽回的恶果。

就学校而言，体现为外部制度的干预，漠视人的自主性。对老师缺少必要的培训，却一味要求老师延长工作时间，尽可能多开展相关的活动。将父母视为木偶，完全要求父母单向配合，不能公正对待他们的正确意见。对学生就更加缺少尊重，完全把学生视为家校铁笼之中的一只小鸟。这样的集权化导致上有政策、下有对策，上级官僚主义、下级形式主义，再好的家校共育举措都不能落到实处。

4. 家校共育的功利化

就家庭而言，体现为父母重当下成绩，轻长远发展，重实用方法，轻理念引领。功利化，也就是应试化的另一个方面的呈现。对应试成绩，父母看在眼里，记在心头，对儿童一生的发展却不能用长远的目光给予应有的关注，总是将一些实用的方法技巧生搬硬套在自己孩子身上。在家校共育的过程中，缺乏正确的理念引领，很容易在操作的过程中走形。

就学校而言，体现为仍然把考分视为唯一的标准来评价家校共育的结果。家校共育是一个全体参与、多方受益的多赢过程，也是一个水滴石穿、循序渐进的坚持过程。有的学校无视老师、学生、父母在家校共育过程之中的幸福感、获得感，仍然从学生最终的考试成绩倒推家校共育的工作。这样的片面评价，将会打消众人的热情，丧失深度推动家校共育的可能性。

5. 家校共育的空洞化

就家庭而言，体现为父母重言语要求，轻自身示范。在家庭之中，儿童是从模仿开始学习的，模仿的对象当然就是父母。父母不能以身作则，就不能成为孩子的榜样，不仅仅在知识的运用和掌握上不能成为孩子的榜样，更重要的是不能在人格塑造上、习惯养成上成为孩子的榜样。单纯说教的方式，造成家校共育说一套做一套，最后难有成效。

就学校而言，体现为学校只有外在形式，缺少实质内容。教育是良心活，家校共育也如此。同样是讲座的形式，可以有不同的课程设计；同样是活动的形式，可以有不同的内容设置。有针对性的精心设计和泛泛的老生常谈，最后产生的教育效果截然不同。

6. 家校共育的物质化

在家庭中，体现为长辈重物质投入，轻精神陪伴。有的父母为孩子的教育不惜代价，同时把物质投入直接变成向孩子施压的手段，却忽视精神付出，在孩子的成长过程之中，不能够真正做到精神上的互相陪伴、互相鼓舞，更不能做到精神上的引领和提升。这就导致父母和孩子明明生活在一起，却成了同一个屋檐下的陌生人。父母感觉自己付出了全部，孩子却永远只感受到心灵的孤独。

在学校中，体现为学校对各类家校共育的场地、资料等硬件舍得投入，但忽视相关工作人员、规章制度等软件建设。家校共育是在家庭和学校之间搭建心灵的桥梁，是一项探索式的、需要更多教育智慧才能推动的工作。在家校共育的工作中，物的保障是锦上添花，人的支持才是雪中送炭。

7. 家校共育的碎片化

在以上几点之中，任何一点发生，都会导致家校共育工作的碎片化。也就是在具体的工作开展之中，所有的事情都是拼贴的，缺乏整体规划，从而在效果上难以取得成效，在行动上难以一致坚持。

在家校共育上，正因为家庭和学校都存在诸多误区，所以这些年来，家校共育工作表面上看起来轰轰烈烈，总结起来头头是道，事实上真正取得良好成效的少之又少。家校共育成效不够显著，导致在进一步的工作中，家庭和学校的热情与兴趣更加消减。

面对这样的困局，我们需要通过科学的研究和正确的方法来进行破解。破解的首要任务，就是厘清在新时代、新要求之下，家校共育工作呈现出的独特价值和意义。

家校共育的价值和意义

1. 家校共育是信息时代教育发展的必然选择

父母作为儿童的监护人，原本就拥有教育权，这种源自"教育原始的委托者"身份的教育权，在工业时代更多的是委托给学校行使。到了信息时代，随着对教育要求的改变，随着学校自身的改变，无论家庭自愿还是被迫，都将越来越多地进行教育上的选择、参与。比如，慕课这类学习，就让课堂离开了学校，可以直接在家庭之中进行。

因此，如果说工业时代的家校共育，学校和家庭可以根据自身需求进行主观选择的话，那么信息时代的家校共育，就是学校与家庭都不得不正视的、无论自身是否情愿都将被迫进行的必然选择。

同时，只有做好家校共育工作，才能够正常促进信息时代教育的发展。

2. 家校共育是稳步推动文明进程的最佳动力

发展中的中国，不仅经济在发展，文明也处于发展之中。尤其在东西方文明的碰撞中，集体主义和个人主义、传统和现代，冲突剧烈。

家校共育，恰恰从家庭和学校这两个人生的重要场域，找到了一个最柔软、最根本也是最稳定的平衡点——对孩子的爱。

无论东方还是西方，无论传统还是现代，无论集体还是个人，无论父母还是老师，在对孩子的爱上，有一些关于真善美的基本点，永远是一致的。这就是人类文明进程中的最大公约数。

这样的一些基本共同点，超越了国家民族的基本价值观，可以通过家校共育的方式，在社会上向广度传播。在代际中向深度传播，这样就可以让社会在稳步发展中，实现文明进程平稳而持续的发展，避免社会动荡对人民的伤害、对文明的破坏。

3. 家校共育是促进社会和谐的可靠抓手

一个社会是和谐美好还是动荡不安，根本取决于人们是满怀希望还是彻底失望，乃至绝望。

教育意味着未来。中国人普遍相信无神论，实用主义盛行，这种背景愈发强化了教育的自救色彩：孩子的未来，就是整个家庭的希望；对孩子教育成功，就意味着父母掌握了自己的未来。

但是，很多教育难题的解决，有赖社会发展；社会上的很多难题，不可能一下子解决。家庭和学校彼此之间应该充分理解，共同努力，把希望寄托在孩子身上，把未来寄托在孩子的创造上。这样打牢的稳定基石，将会成为社会和谐的根本。

因此，从这个意义上说，家校共育，不仅是为了抚育好孩子，也是为了给家庭这一社会细胞提供足够的希望。

4. 家校共育是发挥"灯塔效应"，实现家庭向家族升华的最佳助手

前面说过，我们希望通过元家庭的确立，让家庭拥有成长为家族的精神力量。在具体举措上，是希望通过学校的主导作用，引导父母不仅参与到家校共育的过程中来，而且通过接受教育、学习叙事，和孩子一起成为家庭文化的建设者、记录者和传播者。家庭成员的和谐美好，会在传播中给予他人积极引领，自然就会形成灯塔效应。一个作为元家庭的家庭美好起来，其光芒会被更多的家庭看见，在广度之上实现大教育的影响。在时间的深度上，无论元家庭的存在，还是家庭向家族的转变，都能让家风、家训通过具体而美好的人和事，在时空中继续流传。这些都体现出家校共育在家庭文化建设和传播上的特殊价值与意义。

5. 家校共育是中国教育实现弯道超车的有力武器

未来的竞争是人才的竞争。人才的来源只能依靠教育。

从教育所需的经济投入来说，中国仍是发展中国家，经济总量大，但人均收入并不高。实现教育发展要继续加大投入，必须汲取民间力量。除民间资本外，家庭是不可或缺的重要来源。2015 年，世界教育创新峰会的一项全球调查发现，全世界教育家

普遍认为"未来私人为教育买单的经费会有大的增长"。简单说，政府的教育投入是保基础、保公平，而个性化的教育服务则需要家庭买单。经济还在发展中的中国要想在国际竞争中立于不败之地，必须重视教育投入，必须赢得家庭支持。

从教育所需的专业力量来说，家庭作为教育的另一个支点，一旦充分调动与发挥出力量，和学校齐头并进，教育就能两条腿走路，就能用最小的代价，走出最好的个性化、民主化道路。

家校共育，能促使家庭和学校在经费投入和专业力量上得到最大力度的支持，这样就能维护两者之间的良好平衡。抓住信息时代提供的机会，中国教育在世界教育跑道上实现弯道超车，就可能实现。

6. 家校共育是提升学校教育品质、实现教育公平的重要基石

人们对教育公平的追求，其实是对教育品质的渴望。比如，父母择校，是为孩子抢占更丰富的教育资源，便于孩子提高学业水平。一旦城市学校和乡村学校、重点名校和普通学校都有同样的教育品质，所谓"择校热"等久治不愈的中国教育顽疾，自然会不治而愈。

但是，仅从人们普遍关注的学业水平来看，2014年中国教育科学研究院对四省市小学生家庭教育状态的调查显示，家庭对孩子的隐性学业支持因素更值得关注。那些善于听取孩子意见的家庭、正能量多的家庭，孩子的学习成绩更优秀。调查同时还证明："择校生"和"就近入学"的学业情况相差甚微，优秀比例分别是 29.95% 和28.48%；在良好、中等和较差等其他学业水平中，二者的数据也较为接近。

在教育中起决定性作用的，是人，而不是其他事物。有了人，哪怕一无所有，一切都将逐渐汇聚。没有人，哪怕坐拥金山，也会坐吃山空。家校共育正是通过对父母和教师潜能的激发与培育，实现资源的互补、理念的互促、行动的互助。也就是说，从资源上，不同的父母可以为学校提供不同的资源，众人拾柴火焰高，能够快速实现资源的积累；从理念上，在父母和父母之间、父母和教师之间，彼此教育理念互相促进更新，从而全面提高，实现全民教育素养的提升；从行动上，大家可以各展所长，互相帮助。

这样共同努力，就意味着我们学校品质的提升。随着一届又一届学生加入，家校共育就有了源头活水般的持续力量。

7. 家校共育是实现教育共同体中多方完整幸福的最好平台

教育因为人而存在，教育为了人而存在，教育的所有行动最终会落实到具体的人，教育的最终目标就是为了人的幸福完整。在教育中的家校共育，也不例外。家校共育，是老师、父母、学生等多方赢得幸福完整的最好手段，是老师、父母、学生等多方实现完整幸福的最好平台。

家校共育把原本孤立的家庭、学校联合为教育共同体。共同体中的多方人员全面覆盖教育的所有环节，齐心协力，各展所长，完整幸福因此变得唾手可得。

家校共育的原则、途径和方法

再深远的价值意义，也要通过最细微的具体行动才能落实。

在落实家校共育的具体行动中，原则是行动的指南针，让家校共育的方向不偏移；途径是行动的道路，让家校共育的措施有章可循；方法是行动的润滑剂，让家校共育的推进能够四两拨千斤。

1. 家校共育的原则

第一，牢记目标的一致性，让家校成为齐心协力的教育伙伴。

尽管家庭和学校是两个不同的机构，尽管参与教育的多方是不同的身份，但大家都非常明确地围绕着孩子"成人"这一个共同目的，把孩子培育好是大家共同的心愿。这样一个一致的目标，就是家校共育最坚实的基础，为扫除行动中的一切阻碍铺平道路。

在生活中，牙齿还会碰到舌头；在教育中，尽管家庭和学校有充分的共识，但在具体操作过程中，仍然难免出现各种矛盾。牢记这第一原则，才可能让家庭和学校保持一致，并肩前行，而不是互相掣肘。

第二，确保地位的平等性，让家校确保边界，又彼此尊重。

地位的平等性意味着家庭和学校，尽管在客观上存在体量上的大小之差、数量上的多少之别，但在工作之中，地位平等，互相尊重。这意味着学校不能压制家庭，家庭也不能挟持学校，必须在保障双方独立性的前提下，彼此尊重，家校共育才能走上良性循环，才能实现真正的家校合作共育。

在操作的过程中，如何能够保证家庭和学校彼此平等尊重，从而实现共同利益的最大化呢？最好的办法还是双方共同制定规则，确保边界，保障理念的统一性和决策的公开性，最后实现共同治理。因此，如果要组织家委会等各种家校共育机构，在吸纳成员时要特别注意以教育理念、服务态度、领导能力、奉献精神等综合素质吸纳成员，而不能只吸纳单一类型的成员，尤其不能仅以家庭环境优劣来决定是否吸纳成员。同时，在决策的过程之中，一定要注意公平、公正、公开，这样才能最大限度地减少其他没有参与决策的学生父母的疑虑，让制定的决策更好更快地得到大家支持，从而实现教育共同体成员的多赢。

第三，实现合作的开放性，让家校不断汇聚更多力量。

家校共育的合作，要求学校必须向家庭敞开大门，这种开放性无疑是工作开展的基础。

家校共育的开放性，同时意味着在参与家校共育的过程之中，一个家庭也向其他家庭敞开家门，也就是说家庭和家庭之间可以通过家校共育共同体互相交往。这种家庭之间出现的互相交往，让习惯不良的家庭向习惯良好的家庭看齐。把好的家庭变成更多家庭的典范，其价值和意义丝毫不亚于学校和家庭之间产生的交往互动。这样的交往，意味着传统之中关着门的家庭教育，因为家校共育而透进了一丝光亮。在推动家校共育的过程之中，这缕光亮可以由学校引领，由家庭移动，在开放中让一个家庭中的阳光逐渐照进所有家庭。

开放性，同时意味着家校共同体面向社会开放，吸纳更多社会力量参与。无论各类公益机构的支持，还是各种教育项目的合作，都是促进教育的有生力量。以阅读为例，学校永远需要有更多数量的好书、更为精彩的读书活动，学校、家庭的力量都是有限的，需要在开放中向外借力。有许多出版机构会邀请作家举办各类活动，有许多公益机构会组织各种赠书活动，这样就能汇聚更多的资源，让孩子在更多更好的阅读中不断成长，让教师、父母能够开阔眼界，继续提高，让学校能够减轻组织活动的压力。家校共育工作投入有限，事务烦琐，特别需要运用智慧，才能一举多得。

第四，探索方法的多样性，让家校双方轻松前行。

家校共育是当今教育的基础，但它并不是一件完全需要额外推动的工作。家校共育的方式非常丰富，家长和老师只需要多动一点脑筋，就可以让家校共育和学校平时的日常教育活动完全融为一体。它可以无声无息地融入绝大多数的日常教学环节之中，并不需要额外占用时间，投入精力。只有运用这样科学、简便、高效的家校共育方法，才能保障在日常工作中坚持家校共育的可能；也只有运用这样的家校共育方法，才能在工作中取得良好的效果，从而让家庭和学校都增进互相合作的信心。比如，组织进行"父母进课堂"的活动，有的学校会将它变成一个需要单独安排时间来做的课外活动，但因为时间有限，活动难以为继。经验丰富的学校和老师，则会把有特别兴趣爱好的父母，变成学校教育中的课程资源，以具有特殊才能的父母为中心，研发特色课程，从而把课外活动变成课内教学，开展得有声有色。

第五，坚持行动的长期性，让家校工作张弛有度，滴水穿石。

家校共育工作为什么容易造成雷声大雨点小的现象？因为长期坚持，是家校共育最大的难点。家校共育容易三天打鱼两天晒网，表面上工作做了，但因为缺乏相对的系统性和完整性，缺乏坚持，导致家校双方虽然投入了精力，却难以见到成效。

家庭毕竟不是学校，家庭并不是一个专门的教育机构，无论在时间上，还是人员素养上，都很难得到真正的保障。父母也不是学生，在对父母的管理上，也不可能做到像对学生一样，能够有章有法，强制执行。在这样的前提下，学校向家庭普及正确的教育理念，希望得到理解和支持的时候，行动必然不可能立刻见效。

正因如此，我们特别需要强调家校共育的长期性。

首先，坚持行动的长期性，需要制订长期的工作计划。通过工作计划的安排，教师和家长可以梳理和规划家校工作的重要内容，以避免在时间过长的行动中，失去整体完整性，错过对关键内容的推动。

其次，坚持行动的长期性，一定要有耐心，要张弛有度。要看见困难，也应该看见美好的前景。在工作开展中，不能头痛医头，脚痛医脚，遇到问题就紧锣密鼓，一旦问题过去就随随便便，甚至抛在一边。

最后，坚持行动的长期性，要把家校工作的娱乐性和教育性结合，做到寓教于乐。丰富多彩的形式，能够吸引更多的学生、父母、老师，更好地让大家在轻松愉快的环境之下，取得润物细无声的效果。这也有利于实现长期的坚持。

第六，达到效果的互补性，让家校共育实现"1+1＞2"的效果，更让教育生活因为完整而幸福。

学校以教学为主，家庭以育人为主。一个教，一个育，合为教育，这样的互补自然就是最为理想的结合。

当然，学校在教学之中传授的知识，也要通过良好的习惯以及反复的操练，才能够真正被学生掌握。也就是说，学校在传授知识的同时，也在促进学生的人格塑造。在家庭教育之中也要注重科学化，注意对孩子求知兴趣的激发、求知方法的引导，这样遵循教育规律的家庭教育，才能取得更好的效果。家庭和学校如此互补，就能实现"1+1＞2"的教育效果。

新教育实验的宗旨，是"过一种幸福完整的教育生活"。其实，对于家庭来说，人生就是一种幸福完整的教育生活。尤其在进入需要终身学习的信息时代之后，这一特点更为突出了。

对父母来说，家校共育应该促进多方的共同成长，尤其是让亲子之间因为成长而愉悦，从而让家庭生活因此幸福完整。

对教师来说，家校共育赢得父母的支持，能让日常教学工作减少许多阻力，增添许多动力，从而让教师的本职教育生活因此幸福完整。

当然，归根结底，家校共育会回报在孩子身上。因为在良好的家校共育中，教育和生活不被割裂，教育品质得到提高。在教育过程中的这种幸福完整，也促成了最终的幸福完整，让每个孩子真正成为自己。

2. 家校共育的主要途径

在家庭和学校之间，彼此发生联系的方式有许多种。当然，在家校共育的实际操作过程中，会有许多交叉。这里根据主要特点，归纳出几种主要途径，以便于对具体方法的继续探索。

第一，搭建平台。

"你给多大舞台，还你多少精彩。"我们常常在对学生的教育之中这样说。其实，这作为教育的一个原则、一个理念，在开展更多的教育工作时仍然有效。比如，在家校共育的过程中，如果我们发挥家庭的主导作用，那么学校就会多多受益；而如果家委会又发挥了学校的主导作用，那么家庭也会得到更多的指导。这样的家校共育，通过平等的方式，可以激发出参与各方具有的力量；只有通过这样的家校共育，搭建更广的平台，我们才能够收获更多的精彩。

对于平台来说，有许多方式来实现家校共育，比如家校委员会、新父母学校等。它们有一些共同的特点。

首先，成立正规机构。机构可以单独注册，也可以在学校名下或者在其他的相关机构名下，只有具有正式的组织架构，才便于和学校进行相关工作的对接。

其次，签署正式协议。建立平台的双方或者多方，一定要以制度管理，规范明确责、权、利，遇到问题，根据协议约定的方式解决。

再次，制订工作计划。家校共育工作烦琐，制订工作计划才会有条不紊，否则做一天和尚撞一天钟，难免在忙碌中顾此失彼。

最后，指定专人负责。平台的负责人，可以是专职人员，也可以是责任心强的人业余兼职。无论如何，平台因人而动，只有真正有人负责，才可能真正推动工作，平台才会真正成为家庭、学校等多方的共同教育舞台。

第二，网络社群。

物以类聚，人以群分。在家校共育的途径之中，网络社群是最为关键也非常特殊的一种。

网络具有特殊性，网络生活和现实生活基本可以呈现逐一对应的关系，在家校共育的其他途径之中都能用到网络，而且"营建数码社区"本身就是新教育实验推动的十大行动之一。但是，因为网络社群的重要性，因为它特别吻合家校共育工作中强调的平等性和及时性，所以我们还是把它单独列出，作为家校共育的主要途径之一来介绍。

网络社群的工作，可以简单分为两大类：一类是网络学习，以学生为主体；另一类是学习生活交流，以父母和教师为主体。

对于学生来说，他们的学习生活交流，在学校里见面时已经基本完成；在网络上，学生更重要的是对日常学习进行更为个性化的补充。对于父母和老师来说，无论用已有的微信群、QQ群等，还是用学校或班级的网上论坛，都是精神生活的一种建设。这种精神生活以孩子为起点，以世界为终点，远远大于日常生活。

著名人类学家、牛津大学的罗宾·邓巴教授根据相关研究提出，人类智力只允许人类拥有稳定社交网络的人数是 148 人（大约 150 人），深入交往人数为 20 人左右。这就是著名的"150 定律"，即"邓巴数字"。

运用这一原则，家校共育可以通过网络社群的营造，在教育上产生共作效应。1916—1919 年，奥尔波特在哈佛大学做的实验证明，"个体耳闻目睹他人在做同样的行动时，其作业业绩就会有所提高"。

家校共育，本身就是一种能够取得"共作效应"的教育行动，网络社群则是家校共育中最容易体现共作效应的途径。正如奥尔波特提出的"社会促进"概念那样，它能够充分发挥我们在学校教育之中难以发挥的作用。

第三，共享资源。

有关资源的共享，是家校共育工作之中促成绩效最大化和实现多赢的保障。

共享资源简单可以分为两种。

第一种是静态资源，也就是一些物质资料的积累和使用，比如家校共育资源室的成立。在这种资源室里，汇聚了家校共育相关的资料，包括图书、影像、设施等。这样的资源，成为工作开展的稳定大后方。

第二种是动态资源，也就是以项目等软件进行整合的资源。在这样的整合运用之中，可以去基金会寻求财富资源支持，可以去专业团队寻求专家资源支持，可以通过共同探索，开展一些新的项目，在新项目的启动和推广过程中，重新梳理整合，把已经逐渐沉寂的资源重新盘活。

第四，融合学科。

融合学科是指根据不同的学科课程，父母参与、教师助力，从而把家庭教育和学校教育更有针对性地、更为深刻地进行融合。

融合学科分为两种。第一种是"化整为零"式。比如，通过新父母课堂，可以把有不同学科兴趣、不同特长爱好的父母，分到不同的学科课堂中，成为不同学科的助教，让学科知识更接地气，更为丰富，让课堂更加多彩。第二种是"化零为整"式。把父母作为人才资源进行整合，通过课程的构建，形成比较稳定的教育人才库。比如，有特长的父母，可以为学校组建社团，担任社团导师。比如，把父母的技能融入课程研发中，会唱民歌的父母可以参与研发民歌课程，喜爱绘画的父母可以参与研发美术课程。

第五，共读共赏。

共读共赏，指的是家校共同阅读一本书，共同欣赏一部影片。总体而言，这也是一个进行图书阅读、影像阅读的大阅读方法。

共读共赏，通过观摩学习不同的艺术作品，把艺术作品作为教育内容的载体，通过父母对艺术作品浓缩的人生思考进行分析、讨论，通过父母、学生、老师等多方共同研讨交流，建起一座学校和家庭之间的桥梁。

这种途径结合当下急需的阅读工作，是特别有效的一种做法。这样的心灵之桥一旦搭建，就能使包括家校共育工作在内的诸多教育工作，取得事半功倍的良好效果。

第六，家校叙事。

家校叙事是指家庭和学校通过教育叙事的书写，让家校共育中的多方共同回顾总结自己的教育生活，从自身的经验教训之中，提炼出进一步成长的营养，以自己为榜样，不断挑战自我，从而让每个个体都能攀上新的高度。

一种做法是在关键日子进行的庆典式叙事。比如，在读书节、期末典礼等活动中，对家校共育中优秀的人与事进行叙事性的表彰。这样的叙事能够集中呈现一个阶段的思考，借助仪式的特性，还能给人留下清晰鲜活的记忆。另一种做法是日常生活中的共写式叙事，以多种方式邀请、吸引所有父母、老师、学生参与到共同书写中来。比如，进行"随笔接龙"，由学生记录、父母和老师分别评论。用经过书写反思的时光，代替我们日常琐碎沉闷的日子，在书写中不断梳理总结，实现家校共育的目标。

以上这些途径，都是在已有的实践中总结出来的，都是已经有人走过的成功之路。在具体的家校共育工作中，综合运用它们，可以进行更丰富多彩的实践探索。

3. 家校共育行动

家校共育行动在中国大地上遍地开花，如江苏淮安、山东潍坊等地，都进行了家校共育的诸多探索，并取得了令人称道的成绩。

在此仍以新教育实验的家校共育行动为例。新教育实验根据以上六种途径进行了不同的组合，不断实践、探索。2015年4月，新教育新父母研究所召开了全国首届家校共育会议。新教育实验所推广的诸多经验得到了广泛认可。

第一，家校委员会。

新教育实验学校成立的家校委员会和一般学校成立的家长委员会，在完整名称上只有一个字不同，简称都是"家委会"，但在内涵上有着本质不同。

家长委员会，不仅使用了含有封建专制色彩的"家长"一词，而且从名称上缺少另一个主题——学校，从而让委员会沦为学校的附属机构。

家校委员会，从名称上就意味着家庭和学校双方平等。也就是说，尽管从组织机构上，委员会必须依附于学校，但在开展工作的过程中，双方是独立主体进行合作。

家校委员会是一个主要用于父母参与学校决策、相互沟通教育理念的一个机构。这个机构分为学校、年级和班级三个层级，可以综合解决关于家校合作制度建设以及其他具体项目上的宏观大问题。这样的架构，其实就是让学生父母与学校在上层建筑中融为一体，从而由上至下贯彻优秀的顶层设计。

家委会应有相对完善的组织架构。现行的班级家委会，多由老师个人根据学生父母的职业、职务决定组成人员，而很少考虑他们的教育观。这直接影响了年级家委会和学校家委会的组成。

从 2015 年起，四川省宜宾市人民路小学就制定规章制度，请学校家委会参与学期计划的制订和大型活动的决策，取得了良好的效果。从平凡走向优秀难，从优秀走向卓越更难。该校作为一所各项工作都在当地名列前茅的优秀学校，继续突破的动力不足，阻力很大。但是，该校把家校共育工作视为全新基石，让学校真正实现了自我提升、自我超越，如今不仅在教育系统中备受认可，而且影响力还向全社会蔓延。该校的外墙成为真正的教育墙，包括家校共育在内的各项工作成果，在墙壁上连续展示，成为一道让当地居民流连的教育风景线。

第二，新父母学校。

新父母学校，是一个父母们以多种形式进行系统学习的组织机构。

自 2004 年以来，新教育实验就开展了这项工作，而且颇有成效。新父母学校的工作接受家校委员会的指导，一方面学校运用这个学习场地，向父母传播优秀的家庭教育理念、有效的家庭教育方法，另一方面父母通过自发组织进行更丰富的学习，彼此之间互相交流、互相学习。在实际工作中，就像人们常说的"自我教育是最好的教育"一样，父母们处于同一个群体之中，彼此之间互相教育，因为心态、目标相似，心灵距离最短，所以相当于自我教育，也就取得了良好的效果。

真正的新父母学校，是让父母在继续学习中不断成长，把所学运用到全部生活之中，其学习结果不仅体现在配合学校做好家庭教育的工作中，更体现在让自己在学习中丰富知识，升华精神，提高行动力，从而进一步改善自身生命状态，提高家庭生活品质。

第三，新父母课堂。

新父母课堂是指把学生父母请进学校来当老师。它是一种简单、方便的方式，通过不同的教育内容，可以实现不同的教育目的，达到不同的家校共育效果。

如前所述，新父母课堂可以与学科融合，拥有不同兴趣特长的父母，可以成为不同老师的助教。

新父母课堂可以与阅读结合，成为"故事父母"开展阅读活动的载体。

新父母课堂可以成为课程研发基地。有特长的学生父母，可以在课堂上对孩子们进行相关技能的展示和传授。这样的新父母课堂为父母展现自己的才华搭建了一个舞台，也为学校开发特色课程资源提供了一个途径。

新父母课堂可以成为班级举办新教育十大行动之一"聆听窗外声音"的最简便、最经济的做法。父母资源就是专家资源。在新父母课堂中举办讲座，请优秀的父母现身说法讲给其他父母或者孩子听。

在新父母课堂的工作开展中，必须特别注意：并非一般意义上的名人父母、精英父母，才有必要进课堂。有些条件一般的学校，尤其是乡村学校，对新父母课堂很担心，认为学生父母素质不高、水平不高，难以进课堂。其实，早有实践完全回答了这个问题。有一所乡村的新教育实验学校，把一位当农民的父亲请进学校，请入课堂。农民父亲在课堂上讲述自己如何种地，不仅使孩子们对种地知识有所了解，而且还使他们对当农民的父亲更加理解、更加尊敬。这位父亲有了这次经历之后，也增进了对老师、对教学的理解，从那以后更加关注家庭教育，更加积极投入家校共育之中。

所以，新父母课堂并不是只有名人父母才可以进的课堂，而是三百六十行，每行的父母都能进的课堂。哪怕没有任何才能的父母，都可以担任一次"故事父母"，到课堂上给孩子们讲故事。当然，在进课堂之前，父母要精心准备，才能保证拥有精彩的课堂呈现和良好的后期效果。

第四，家校互访。

家校互访，就是家校双方深入彼此的教育现场。

家访，是以前的学校在推动家校交流时采取的一个有效做法。在信息时代到来之后，我们一度用电话、网络代替家访，或者把父母请进学校交流，以代替老师走进家门交流。但是，如今许多有识之士发现，用言语沟通无法说清楚的事情，到了家中，只要看一看日常的生活环境，看一看彼此的交流方式，看一看父母的一言一行，甚至一句话不说，就能够捕捉到问题的根源。所以，家访就是教师深入家庭教育现场的方式，是一项无可替代的重要工作。

校访，是指学校在规定的开放日邀请学生父母走进校园，深入了解学校教育现场。父母可以在开放日随时随地推开任何一间教室的门，到任意一间教室去看一看学校生活的细节，了解教师的教学和孩子的学习生活。

家校互访可以增进彼此的了解和信任，为其他工作顺利开展奠定坚实的基础。在具体操作中，还可以与其他家校共育活动结合，取得更好的效果。

第五，共读共赏。

共读是新教育最早推行的课程，无论晨诵项目的诗歌诵读，还是"听读绘说"项目的低年级段图画书阅读、中高年级段整本书共读，都有利于提高学生的思考能力和学习能力。在家校共育的共读过程之中，共读的多方通过共同阅读，将有更大、更鲜明的进步：首先，家庭氛围、家校氛围改变，也就是说在人际关系中出现了心灵的沟通、精神的交流；其次，能够促进共读的多方之间互相理解，营造积极良好的人际关系，其中良好的亲子关系、师生关系会立刻转化为激发孩子上进的动力；最后，在共读过程中势必会进行讨论，这些讨论不仅能帮助学生形成良好的深度阅读能力和积极思考的思维方式，让学生从人格到成绩都有提升，还会促进共读的多方在精神上的碰撞，在碰撞的过程中接受美好精神的洗礼，由此获得更为深切和持久的幸福感。

共赏，指的是父母、孩子或者教师共同欣赏一部影视作品，以优秀影片为主。因为影片时间长短合适，主题相对集中，特别适合共赏的多方在有限的时间之内，取得最好的家校共育效果。我们在新教育电影课项目研究中发现，电影作为人生思考的浓缩，特别容易震撼观众的心灵，从而使他们打开自己的心扉。通过对共同问题的讨论，人们不会固守自己的社会身份和角色，而会针对作品角色进行公平客观的思考和讨论，深化自己的人生感悟。

淮安市天津路小学王艳老师是新教育种子教师，她利用 QQ 群开展线上"每周一部好电影"活动，影响深远，深受各方赞许。她担任年级组长后举办了每学期一次以年级为单位的"亲子电影课"，赢得了全年级学生父母的喜爱。她以电影为纽带开展家校共育工作，让学校延伸到家庭，让家庭连接学校，在家校双向连接之中，自然而然地形成了教育效果的最优化。

第六，家校共写。

共写，是优秀的新教育实验老师开展家校共育的绝招。它需要投入的精力较多，取得的效果很好，教师往往会从中取得额外的收获。许多新教育榜样教师因为坚持共写而出版了自己的著作，如郭明晓的《各就各位准备飞》、顾舟群的《改变，从习惯开始》。

一般来说，共写分为三种：家校信，家校便签，随笔接龙。

家校信，通常每周一封。由老师总结日常教育生活，把全班集中表现出来需要关注的问题，在周末通过书信的方式告知父母，由父母及时回复。

家校便签，不定期写作，基本上每天一次。老师把每天突发的事情，用便签的方式和父母进行交流。

随笔（日记）接龙，可以自行约定时间。由学生记录，父母和老师跟随其后分别写下对话或评论。

以上的共写，可以与学生的作业结合，利用作业本进行，也可以与网络社群结合，利用网络开展。

共写就是生命叙事的初级积累阶段。通过共写，以叙事的方式梳理生活，让人们在抒发感情的过程中观察力变得更加敏锐，情感变得更加细腻，思考变得更加深邃，让所有人的人际关系变得融洽圆满。

第七，家庭好书展。

家庭好书展，是一个老师搭台、父母唱戏、学生成长、共同幸福的读书活动。它费力少，收效大，能够形成家校共育的良性循环，值得特别推荐。

家庭好书展可以分班级、年级、学校不同级别开展。父母拿出一本最喜爱的好书参加展览，展览当天全部父母都要参加，老师邀请几位父母上台讲述：一、选择这本书的原因；二、孩子阅读这本书前后的改变；三、家中平时如何开展阅读工作。如此等等。

这样的讲述，一方面让讲述的父母有的放矢，不至于跑题，另一方面也可以影响其他学生父母，相当于互相交流家庭教育经验。通过父母影响父母，也相当于树立了最切实的榜样。另外，这还相当于开展了好书推荐、阅读方法指导等相关工作，一举多得。

第八，萤火虫工作站。

萤火虫工作站是一个立足阅读、推动教育，立足教室、影响社区、辐射社会的公益项目。在一般情况下，由具有教育智慧的教师担任站长，负责阅读指导等教育内容的把关和引领；由具有爱心的父母担任负责人，承担组织事务等各项日常工作。该项目为全国的父母们提供亲子阅读指导，研讨各类家校教育问题。

在中国社区文化尚未兴起、全民教育素养和社会诚信有待提高的不利背景下，萤火虫项目逆向而行。该项目从个体、从小事做起，以亲子阅读为突破口，以融洽家校关系为切入点，以教育反哺社会，以个体汇聚群体，以每天早晨的"新父母晨诵"、每天晚上的"天天喜阅"、每个周三晚上的"新父母全国讲座"、每月一次的"萤火共读"、各分站自行不定期举办的网络共读及线下活动等为具体栏目，这些栏目齐头并进，取得了良好的效果。

绝大多数萤火虫工作站都由教师担任站长，这些萌生于教室、萌生于学校的萤火虫，逐渐飞进社区乃至市区图书馆，如河南焦作、内蒙古宁城、山东青岛、浙江温州、陕西西安等诸多萤火虫分站，都应当地图书馆之邀，成为驻扎在图书馆的阅读推广团队，由图书馆常年免费提供场地和其他各类支持。萤火虫工作站从 2011 年 11 月 23 日成立至今，举办了数千场公益活动，受众达 600 多万人次，不仅推广阅读，更向全社会传播先进教育理念，推动了全民阅读向全民教育的提升。

教育发展，仅仅有理论创新，是远远不够的。在象牙塔中的理论创新，初衷并不坏，但远离一线，美好的初衷很容易演变为"为创新而创新"。稍有恶化，它就会演变为法国哲学家阿尔贝·加缪抨击的那样，"错误的观念最终造成流血，但流的都是别人的血，这就是为什么知识分子会随心所欲地说三道四"。

只有在一线行动中，敏锐地发现理论的幼苗，通过有意培植、仔细观察，将幼苗拔节成长的经验进行梳理提升，形成阶段总结，并在传播中不断修订和锤炼，才是实现理论创新的正确道路。所以，每次总结并非对过去的否定，而是敞开怀抱迎接下一次创新。家校共育的探索也不例外。

但是，我们更需要牢记的是——

所有知识，既是恒久的存在，也是冰冷的死物。如果缺少生命的价值感，缺失存在的意义感，势必缺乏行动的激情。那么，再好的研究也无法支撑一个人前行。

今天，我们重新回顾家校共育，再一次呼唤家校共育，正是希望在信息时代的背景之下，通过家校共育，重新定位家庭和学校，进而重建家庭和学校，以每个人自我的成长、自身的前行，推动教育乃至社会改良。

家校共育强调打开校门做教育，借外力冲击，在平稳中创造沧海之变。让教育从自我封闭的孤独堡垒，变成千帆竞发的澎湃海港……这，或许并非痴人说梦。

践行！践行！我们必须行动起来。只有行动，才能让家校双极真正构建教育的磁场。我相信，行动的我们，就和身处磁场的孩子一样，必将在周而复始的磁场构建之中，放射出生命的最大能量！

十五　用科学点燃智识之火　科学教育的新生

如果科学是光，科学教育应该是火焰。光只能照亮四周，火焰还能提供温暖。科学教育催生明天的科学，今天的科学则推动明天的科学教育。这正如火焰是光的源泉，也是光的方向。

刚刚过去的 20 世纪，是科学大爆炸之际。科学所向披靡，一手缔造了工业时代的辉煌。科学飞速发展，不由分说地推动人们走进 21 世纪，区区数十年间，一度存在于科幻小说中的种种蓝图，正在信息时代迅速成为现实。

对于近代中国而言，科学更是特殊的一环，是一个国家的创痛之所在。"师夷长技以制夷"的呐喊，让数代中国人为之前仆后继。知耻而后勇，毫不夸张地说，中国的科学之路，是无数先辈以生命为石，默默铺就的。

当今的我们，站在工业时代和信息时代的交替之处。每个新的时代，必然产生新的文化、新的科学。信息时代和工业时代，对科学的需求有何不同？迈入信息时代后，我们对科学有着怎样的呼唤？对科学教育有着怎样的需求？

正在腾飞的中国，在信息时代的网络发展、智能构架上，不少探索已经位居世界前列。接下去，在科学教育上，中国将以怎样的价值观，传达出东方文明在经济腾飞之后面向未来的探索，展现面向全球的担当呢？

在信息时代的背景之下，对科学教育重新进行反思与出发，迫在眉睫。

科学教育的现状与难点

1. 什么是科学和科学教育

科学，分科治学。19 世纪又被称为科学的世纪。近代科学在这一百年中突飞猛进，在 20 世纪的一百年中枝繁叶茂。在《现代汉语词典》中，科学作为名词，指的是"反映自然、社会、思维等的客观规律的分科的知识体系"。

科学教育，分科而学，广义上指通过传播、传授科学来提升全民科学素质的教育，狭义上指科学、生物、化学等学科的教育教学工作。

2. 科学教育的现状

2010 年，第八次中国公民科学素养调查结果显示，我国具备基本科学素养的公民比例为 3.27%，相当于日本、加拿大和欧盟等主要发达国家和地区在 20 世纪 80 年代末、90 年代初的水平。（王学健《第八次中国公民科学素养调查结果公布》，《科学时报》，2010 年 11 月 26 日）

2015 年，在第九次中国公民科学素质调查中，通过对我国大陆 31 个省、自治区、直辖市的调查研究显示，我国具备科学素质的公民比例达到 6.20%。从纵向比较，比 2010 年提高近 90%，显示出总体水平大幅提升；从横向比较，与发达国家的差距仍然十分明显。比如，上海、北京和天津的公民科学素质水平分别为 18.71%、17.56% 和 12.00%，位居全国前三位，只有它们分别达到美国和欧洲世纪之交的水平。（新华网《中国科协发布第九次中国公民科学素质调查结果》，2015 年 9 月 19 日）

2015 年的第九次中国公民科学素质调查显示，我国圆满完成"十二五"超过 5% 的目标任务，但作为国民素质根本的中小学教育，在科学教育方面的现状并不乐观。

2013 年 9 月，中国青少年研究中心对北京、哈尔滨、武汉等 8 个城市、64 所学校的 5696 名中小学生进行相关问卷调查，数据显示，"中小学生去科技场馆的频率较低，参加科技类课外小组的比例较低，从事科学技术职业的意愿不强，学校的科学活动'看得多做得少'，学生对课外科学活动的需求尚未得到满足，普遍希望增加去大自然和科技场馆学习的机会。此外，中小学生对科学的兴趣随年级升高反而降低，女生、农村学生及中西部学生科学兴趣不足，科学素养较低"。

2015 年 3 月 30 日，《中国教育报》发表记者张春铭写的《中小学科学课成了"鸡肋"？》一文，指出科学教育中出现的几大问题：没有思维含量的"虚假探究"；探究不用动手就能知道的常识；班额大，材料缺，课外实践难开展；科学教育专业"有人学，没人要"。这些都是迄今普遍存在的现状。

3. 当下科学教育的痛点

科教兴国，这不仅是国家制定的方针，更是民众的呼声。随着中国教育的发展，这些年来，科学教育相应取得了进步。但是，无论和发达国家横向比较，还是直面信息时代提出的更高要求，时至今日，我们的科学教育还存在诸多问题。

第一，科学教育缺少目标分层，严重阻碍自身发展。

早在当年，蔡元培就提出在科学教育上精英与平民并重的特点。一方面，他强调要加强学术研究，探究高深学问；另一方面强调普及科学知识，重视科学方法。

如今，中共中央明确提出：科技创新、科学普及是实现创新发展的两翼，要把科学普及放在与科技创新同等重要的位置。

但是，在当下的科学教育中，一方面父母身陷望子成龙的焦虑中，盲目追求精英教育，让所有孩子承受同样压力，接受同样的科学教育；另一方面教育部门面对各方压力，以机械应试手段，只针对需要考试的科学教育学科进行训练，不能真正关注具有特殊才能的学生的提升，让科学教育走入误区。

缺少目标分层，本身就导致了教育的不科学。使用不科学的教育方式，自然也就无法开展良好的科学教育。

第二，科学教育缺少人文助力，丧失了腾飞的基础。

蔡元培先生曾经提出，教育应该文科、理科融合，与科学艺术联姻。如果说科学是发动机，人文则是指南针。错误方向的探索，固然会贻害无穷；缺少方向的探索，也会让人丧失热情。

科学与人文被并列提及，是 20 世纪 20 年代才发生的。但是，因为落后而挨打的惨痛历史，让中国一度对于科学抱有几近崇拜的态度，"学好数理化，走遍天下都不怕"成为民间谚语,让科学站上了至高无上的神坛,导致人文精神的退隐。

同时,现行教育过早文理分科,从制度上对中国的科学教育有着重大伤害。学生缺少通常由人文教育激发的兴趣,就会难以抵御科学学习中乏味与枯燥的一面。人文精神匮乏,导致学生内心的原动力难以被激发。在完成学业后,学生就更难坚持纯粹的科学探索,难以产生真正的创新。所谓真正的创新,即李培根院士指出的从无到有的"原始创新",而不是从少到多的"增量创新"。

第三,科学教育发展不均衡,有碍国家稳定、社会和谐。

2015 年举行的第九次中国公民科学素质调查,仍然显示出我国公民科学素质水平发展不平衡,不仅农民和妇女的科学素质水平仍然偏低,提升较慢,在沿海发达地区与西部内陆落后地区,公民科学素质水平的差距也在进一步拉大。

科学是第一生产力。科学教育的发展不均衡,将会导致精神和物质上的贫富差距进一步拉大,从长远来看,对国家稳定和社会和谐都具有重大隐患。

除此之外,在科学教育中,重科学知识的灌输、轻科学方法的掌握,重科学理念的传播、轻科学精神的养成等问题,也屡见不鲜。

但是,正是这些问题,为我们指出了努力的方向。在信息时代的科学教育,应该以问题为契机,继续前行。

信息时代对科学教育的追求

论中国科学教育的发展,绕不过新文化运动。其间,"德先生"(民主)、"赛先生"(科学)这两面旗帜高高扬起,引领着无数国人。

论中国科学教育的发展,也绕不过新文化运动的先驱蔡元培先生。在时任北大校长的蔡元培看来,科学教育是实施智育的关键所在,是落实德育的基础所在。所以,蔡元培留下了大量关于科学教育的论述。比如,"盖人之心思细密,方能处事精详,而习练此心思使之细密,则有赖于科学","精究科学者,必有特别之智慧胜于恒人,由其脑筋之灵敏也","科学者,合成以求理者也"。因此,有学者提出,"蔡元培是近代中国将科学精神与教育结合起来进行系统阐述的第一人"(彭凯《略论蔡元培关于科学精神与教育思想》)。

转瞬间，我们已经走入了新的时代。

我们可以说，在工业时代，人类凭借科学手段兴奋地向外界探寻，是"人—物"的过程，那么到了信息时代，在此基础上，科学应该从人出发，再回到人，即："人—物—人"。这一回归，意味着科学不仅仅是无尽的探索，同时也应该关注对科学发展的反思，也就是要考虑：我们发展的科学，对人意味着什么？

人的需求，也就是科学教育的追求。因此，对科学教育的追求可以简单分为两大类：对内是提升一个人的科学素养；对外是养成一个人不断追求真理，以造福人类的科学精神。

1. 科学素养的提升

科学素养的定义，随着时代发展变化，还在不断更新之中，迄今并没有形成广泛认可的一致表述。有些重要机构对科学素养提出了各自的阐释。

比如，国际经济合作组织（OECD）认为，科学素养是运用科学知识，确定问题和做出具有证据的结论，以便对自然世界和通过人类活动对自然世界的改变进行理解和做出决定的能力。

在国际学生评估项目（PISA）中的科学素养测试大纲提出，科学素养由三个方面组成：科学基本观念、科学实践过程和科学场景。

美国学者米勒认为，公众科学素养由相互关联的三部分组成：科学知识、科学方法和科学对社会的作用。

而国际普遍认为，科学素养的内涵，主要是指对科学知识、科学方法、科学技术的基本了解。遵循国际对科学素养的普遍认知，要想提升科学素养，必须对三者进行全面提升。

科学知识是科学的种子。种子孕育万物，但是，缺乏外界条件，则处于自我固化之中，无法萌芽。因此，在科学教育中，不重视科学知识的传授是错误的，但仅仅传授知识，则无异于直接烹饪种子，不能让种子产生应有的效果。

科学方法是科学的枝干。枝干上通下达，为果实输入营养，为扎根提供支持。科学方法是指一切正确手段。方法是高效的保障，无论效果还是效率，掌握方法，事半功倍。在科学教育中，通过对科学知识的传授，应该达成对科学方法技能的掌握与习得。

科学技术就是科学的果实。科学技术直接服务于社会，服务于人群，产生广泛的影响力。但是，在科学教育中，我们应该意识到，对科学技术产生的作用与副作用，都应该有所涉及，否则就容易造成对科学的迷信。

在信息时代，在科学素养的培育上，可以通过以下五步，在循环往复的锤炼中逐渐锻造而成：知、思、行、创、述。

知，是指客观了解、认知相关的科学知识。在教学过程中，这一点可以通过学生的阅读、教师的讲述来实现。

思，是指结合自身情况，以思考激活科学知识。在教学过程中，这一点可以通过师生讨论、写作记录来实现。

行，是指运用各种方法，以行动实践所学知识。在教学过程中，这一点可以通过课堂上的实验或生活中的实践来实现。

创，是指立足已知，进一步探索新的知识。在教学过程中，这一点可以通过老师布置的或者学生自发的各种作品实现。

述，是指运用演讲、绘画、写作乃至戏剧等多种手段，进行传播。在教学过程中，这一点可以通过课内课外各种各样的活动来实现。

这五点并不是五级台阶，并不意味着一成不变地循序渐进。它们彼此之间更像一颗五角星的五个角，互相影响，互相制约，也互相促进。

比如，缺乏其他四者的"知"，将是死记硬背；缺乏"思"的共鸣，就难以深入理解科学知识；缺乏"行"的运用，难以举一反三；缺乏"创"的目标，难免成为两脚书橱；缺乏"述"的推进，不仅会局限于创造本身的价值，自身也会因缺乏反省难以进一步提高。

2. 科学精神的养成

如前文所说，在科学的大树上，科学知识是科学的种子，科学方法是科学的枝干，科学技术是科学的果实，那么科学精神则是科学的根系。正是科学精神，让科学日新月异，让科学教育自我反省，吐故纳新。

真、善、美，是人类的永恒追求。显然，科学教育指向的是"真"。

蔡元培认为科学精神是"求真求实"的精神，体现在"诚、勤、勇、爱"四个方面。诚是必须求实，不自欺欺人；勤是反复推敲，才予以判断；勇是追寻真理，不惧怕万难；爱是破除门派，要一视同仁。

简单说，科学精神也就是求真精神。通过对"真"的不断探索，一个拥有科学精神的人，越来越接近全面地认知外部世界，与此同时越来越促成对自我的反思，从而形成对世界的全面认知。

在科学精神的养成中，特别强调独立思考和集思广益。

独立思考，意味着我们要回避两个思考的误区，一个是人云亦云随波逐流，另一个是迷信专家和权威。

集思广益，则要求我们占据尽可能多的资料，站在前人肩膀上，让进一步探索变得高效。科学是一个天梯，是向上攀登一级又一级阶梯。俗话说："三个臭皮匠，顶个诸葛亮。"这源远流长的民间智慧，正是对这一理念的推崇。

科学和迷信相对立。因此，在科学教育中，我们要特别警觉一种不易被发觉的迷信——对科学的迷信。拥有科学精神，正是破除"迷信科学"这一怪相的法宝。古人云，尽信书不如无书。当我们拥有自我反省、不断创新的科学精神，通过不断反省，就不会迷信一时一事，而会在科学之路上不断探索，不断前行，不断追寻。

所以，在科学教育的过程中，我们还会不断衍生、丰富科学探索。比如，"科学学"。《现代汉语词典》定义的"科学学"指的是"探索和研究现代科学的自身结构和演化规律，预测各个学科的发展趋势，为科学活动提供最佳决策和最佳管理的科学"。在这其中，因心理学、脑科学的发展而共同发展的教育科学，也在不断发展自身，显然科学教育也会随着教育科学的发展而进一步发展。

信息时代科学教育的原则

我们可以说，工业时代是人们使用科学改造自然的时代。科学作为人们改造自然的工具，在发展中不断更新，不断迭代。人类就像一个玩火的孩子，拥有越来越强大的科学带来的力量，却并没有拥有控制科学力量的精神力量。

那么，信息时代可以称为人们使用科学改造自我的时代。无论人类基因改造，还是人工智能的兴起，都是划时代的改变。尤其是人工智能的广泛运用，衍生出一种悲观的论调，认为信息时代淘汰的，不再是工具，而是人。

毫无疑问，对待信息时代的科学发展，无论人们抱着乐观还是悲观的态度，科学教育都是为了让人更好地成为人。

在工业时代，科学的使命被视为追求真理。而信息时代是以人为本的时代。在这样的时代光辉之下，我们或许应该进一步完善科学的使命：追求造福人类的真理。

信息时代的科学教育，建立在以人为本的前提之下，应该以生活为源头，以问题为导向，以融合为特色，以合作为方式，以探究为手段，以创造为目标，过一种幸福完整的教育生活，通过提高全民整体的科学素养、精英群体的科学创新，锤炼出国人的科学精神，因此创造并拥有幸福完整的人生。

1. 信息时代的科学教育，应该以生活为源头

生活是万事的源头。信息时代的科学教育，尤其需要把生活视为源头。

已经有研究显示，《纽约时报》1 周的信息量大于 18 世纪一个人一生接受的信息量，而全世界 18 个月产生的信息，比过去 5000 年的信息总和还要多。如此之多的信息，也意味着科学知识的飞速裂变。在这样的状况下，如果仍然以科学知识为科学教育的源头，就会陷入本末倒置的困境。

只有把科学知识这枚种子，种到生活的大地上，让我们既从生活出发，不断进行探索，又以生活为依托，不断实施践行——使用这样的科学循环，才是吻合教育科学的科学教育。

2. 信息时代的科学教育，应该以问题为导向

以人的疑问为导向，是以学生为学习主体的另一种定义。

而以问题为导向，意味着激发出每个人内在的潜力。每个人在解决自身的疑问时，都是在探索自身的未知。

以问题为导向，也意味着最终将实现最多的可能性。从同样的事物出发，不同的

人可以产生不同的疑问；从同样的疑问出发，不同的人会有不同的解答。

以问题为导向，更是科学教育以融合为特色的前提。

3. 信息时代的科学教育，应该以融合为特色

科学的重大贡献，在于分科治学，通过条分缕析的细致研究，让万事万物越来越清晰。但是，最大的优点往往就是最大的局限。因为科学的精深，让专业与专业之间的壁垒越来越高，也让科学教育越来越容易教出具有专业知识的人，而难以培育出完整的人。

以问题为导向，意味着科学教育的一项学习，将会使用到不同学科的知识，需要掌握多种方法。比如，从科学知识出发，我们需要单独分别传授生物学、化学、测量学。但是，当我们以一只蚂蚁为研究对象，我们就会自然而然地将所有学科融入其中。这样的融合，不仅可以让学习更有趣味，还让跨界式学习激荡起头脑风暴，让人变得更加富有创造力。

4. 信息时代的科学教育，应该以合作为方式

科学发展，让科学知识越来越丰富、越来越精细，意味着探索一件事物需要的知识越来越多，由此意味着人们在科学探索中，越来越需要合作。根据统计，在1901—1975年获诺贝尔奖的309位科学家中，第一个二十五年与他人合作的比例为24%，第三个二十五年上升到74%。

不仅科学探索如此，在信息时代，社会生活的方方面面都越来越需要人们用合作思维模式取代竞争思维模式。教育领域的探索也是如此。在国际学生评估项目测评中，以合作为导向的芬兰教育和以竞争为导向的美国教育相比，芬兰教育始终遥遥领先。

5. 信息时代的科学教育，应该以探究为手段

探究学习，是科学教育的必然手段。

探究，意味着从原点开始，对未知事物、对未知世界的尝试性探索。这样的探索，从结果上看会有成功和失败之分，其学习过程却永远意味着成功，意味着探索中对方法的进一步熟悉与掌握。

反观错误的科学教育，一种以传播结论为主，通过反复背诵达到牢记知识的目的；另一种可以称为虚假探究，也就是"有探无究"，只是以随意行动模仿表象，不加以深入思考，不能促使科学思维形成，无法起到任何作用。

6. 信息时代的科学教育，应该以创造为目标

创新是科学发展的使命，创造是生命存在的意义。在现实教育中，无论科学教育还是其他教育，我们常常用一个标准答案制约了学生的探索。当科学教育以创造为目标时，在倒推教育过程之际，就会让教学发生从"以教为主"到"以学为主"的改变。

当然，我们必须认识到，每次教育活动都是针对具体的人。因此，对于其他人、对于全世界并不新奇的作品，如果是当事人独立完成的，就是创造。创造与实验的根本区别在于，前者是源自当事人内在冲动的原创行为，后者是根据外界或多或少的安排进行的复制。

7. 信息时代的科学教育，应该以全员为对象

真正以全员为对象，不是指千人一面的科学知识普及，而是指针对不同学生、不同特点的分类分层教学。

如前文所述，只有在科学通识教育中，让全员具备基本的科学素养，拥有根本的科学精神，才能在此基础上，产生重科学、爱科学的良好社会氛围，才能为天赋良好的人才提供坚实的成长土壤。

通过正确的科学教育，实现精英的原始创新和大众的增量创新，就能实现科学发展新的腾飞，创造人类文明新的发展，从而让每个人的幸福不再是梦想。

8. 信息时代的科学教育，应该以人本为宗旨

新教育实验发起人朱永新先生曾经指出："新教育的彼岸是什么？我想，那应该是一群又一群长大的孩子，在他们身上我们可以清晰地看到，政治是有理想的，财富是有汗水的，科学是有人性的，享乐是有道德的。"

科学如宝剑，并无善恶。人性如剑鞘，存在美丑。恶是丑陋有毒的剑鞘，会让科学沦为凶器。善是包裹科学的剑鞘，能让科学服务众人。当我们为宝剑加上善的剑鞘，

才能让每个人更好地成为人，让科学更好地造福人类。

19世纪美国著名教育家、被誉为"美国公立学校之父"的霍勒斯·曼曾经说过："美德是一位失明的天使，唯有知识为其带路，方可抵达最终目标。"其实，科学知识也只是一位单翼天使，唯有善良为其增添一翼，才能引领人类飞翔。因此，追寻"有人性的科学"，具体地说，是追寻"有人性之善的科学"，正是信息时代到来之际，正是科学发展的日新月异让人类心惊肉跳之际，我们开展科学教育应该遵循的宗旨所系。

区区数百年，科学车轮滚滚，风驰电掣。同样不过百年，黄土又掩埋多少英雄？！人类在科学之路上的探索，从未止步，人类在科学教育上的自我反思，相对而言却太过单薄。

1931年，爱因斯坦写道："科学是为科学而存在的，就像艺术是为艺术而存在的一样，它既不从事自我表白，也不从事荒谬的证明。"他强调的是科学的客观、纯粹。短短两年后的1933年，在德国纳粹所向披靡的残暴中，爱因斯坦改变了自己的态度，认为人们必须以武装保卫自己。

1945年的原子弹爆炸事件发生后，爱因斯坦感到震惊而痛苦。三年后的1948年7月，他更加明确地说："我们从痛苦的经验中懂得，光靠理性还不足以解决我们社会生活的问题。深入研究和专心致志的科学工作常常给人类带来悲剧性的后果。"

由此可见，人类对科学的认知，哪怕天才如爱因斯坦者，也存在一个过程，更遑论中国了。

在中国处于内忧外患中时，蔡元培先生曾指出科学救国之路："余以我国科学知识之落后，绝非国人智慧之后人；切欲救中国于萎靡不振中，唯有力倡科学化。""欲保存国粹，必以科学方法，扬国粹之真相。"

从昔日的萎靡不振到当下的奋然崛起，中国走过了一段艰辛与荣耀的路途。站在21世纪，站在信息时代，以新的科学教育，以充满人性光辉的科学教育，我们再一次呼唤国人理性自觉和智性勃发——这不仅是信息时代科学教育的使命所在，也应该成为每个中国教育人的梦想所在。个体的科学之火汇聚为群体的熊熊烈火，最后，不仅照亮我们共同的明天，也将同时温暖人类自身的存在。

十六 人人皆为群星中的一颗

新人文教育的审辨与超越

新人文教育是一个通过经典的人文知识，以各种丰富多彩的形式，在互动中长期濡染的过程。在这个过程之中，每个人都是知识的受益者，也是知识的运用者，让他人因为这些知识而受益。

在新人文教育之中，我们特别呼吁全部的学生、全部的老师和全部的父母一起参加。恰如当我们教孩子平等尊重的时候，最简单、最有效的方法就是平等尊重孩子。而孩子学会了平等与尊重之后，他第一个要做的就是对他身边的所有人，给予平等和尊重。这样的情形是必然发生的。而这种"大教育"产生的功效，正是新人文教育的追求。

正因如此，我们特别期待全部的老师、全部的学生、全部的父母，无论程度深浅、时间长短，都应该参与到新人文教育之中，并把这一条视为第一原则。我们希望，通过新人文教育，让大家更懂得当下生活之中的美，感受当下生活之中的幸福，不断激发提升自己创造幸福的能力，就这样共同过一种幸福完整的教育生活。

新人文的特征和方式

新人文教育强调对人的价值的追求，体现在发展人的个性、激发人的潜能上；强调对人的尊严的追求，体现在人与人之间平等相处、每个个体的身心幸福上。

第一个词：个性。尽管新人文教育能够起到促进社会和谐、推动文明发展等一系列作用，但是，从其教学本质来说，尤其是从它的出发点而言，完全建立在针对个体的基础上。

针对个体，就特别强调个性。古人云，因材施教。这在过去只是一种理想，只是追寻的方向。到了信息时代，随着大数据不断积累，智能化不断加强，通过日常各类数据的积累，能够更多地呈现出每个学生的个性。我们相信，在不久的将来，我们能够对每位学生进行分析，终将让为每位学生提供个性化教学成为可能。

同时，在新人文教育之中，我们还特别鼓励教师在教学中发展自己的个性，特别推崇每位教师把自己的特点强化为特色。每位教师都有不同的特点，能够形成具有个人特点的教学风格，也就可以更强地体现出新人文教育的特征。

第二个词：潜能。在新人文教育中，发展个性是前提，激发潜能是结果。只要学生的个性得到发展，其潜能就必然会得到激发。如果说尊重个性、保护个性是前提，那么激发潜能、挖掘潜力则是结果。

多元智能等理论的出现，早已经对不同的学生进行了更为细致的分析。在学习中，新人文教育不仅重视当下的实力，同时关注未来的潜力，尊重个性为激发和挖掘每位师生的潜能，留下了足够的耐心和空间。

第三个词：平等。这个词每个人都不陌生。所谓平等，自然指的是人与人之间，无论性别老少、年龄、职业、身份、地位各种不同的标签都不可以改变人格在本质上的绝对平等。

在新人文教育之中，我们特别强调这种平等不仅仅出现在老师和学生之中，而且出现在学生和学生、老师和老师、老师和父母、父母和学生等所有关系之中。在当下，尤其在老师和父母的关系之中，这种平等显得更加重要。当下的中国社会，正值诚信体系建立的过程。在父母和老师之间，父母不必卑躬屈膝，也不可肆无忌惮；老师不必唯唯诺诺，也不可趾高气扬。只有真正的平等关系的建立，才能够使新人文教育有稳定的基石。

第四个词：幸福。在人与人的日常生活之中，幸福来自智慧而强大的心灵。最根本的基础，则来自彼此的尊重。我们常常说尊重比爱更重要，这是因为一个现代社会缺少足够素养的、不够文明的人通常会以爱的方式，不自觉地实施伤害的行为。那么，在拥有平等的前提之下，幸福可以通过尊重默默实现，让新人文教育直接为人们带去心灵的温暖、强大与幸福。

以这四个词为基石，我们就可以打造出一个全员参与的教育小环境，这个小环境就是最理想的新人文教育的环境。

和其他任何学科一样，人文知识也必须通过研究，才能在总结中得到不断的提炼，才能在提炼后得到不断的提升。那么，对人文的研究则形成了人文内涵的一个重要侧面。在人文研究之中，我们要特别注意，应该有效运用以下几种思维方式。

第一，实证思维。人文更偏向感性，因此在人文研究之中，我们恰恰要针对这种特点，用更多有效的数据和详实的调查来研究，才能让人们对人文的各个方面有更科学的认知、更清晰的了解。

第二，多元思维。我们身处一个复杂的世界，身处一个各种文明彼此交流和碰撞极为频繁的世界。在这种状况之下，人文研究需要特别注意不带前见，不带偏见，以包容的心态去看，才能看见更多的结果。

第三，概率思维。这一点是指在平时的研究之中，不要犯以偏概全的错误。在人文研究中，常常能以案例方式，起到"窥一斑见全豹"的效果。但是，也正是因为这样的特性，需要在思维上有足够的警觉，要随时从概率的角度进行思考，分清得出的结论是特例还是普遍结果，如此人文研究才能取得可信的成果。

第四，整合思维。必须具有整合思维，人文研究才能得出正确的结论。否则，无论从时间、从空间、从案例来说，人文研究都很容易成为知识的碎片，很难真正提取有价值的规律，也就难以更进一步探索。

从某种意义上，我们可以说，对人文的研究，决定了接下来人类文化的传承是否正确，人类文明的发展是否顺利。

新人文的大概念

我们初步整理了构成人文学科大概念及其阐释概念的结构，其中涉及基本概念的有 4 条，涉及主要内容的有 4 条，涉及教学方式的有 3 条，共 11 条。

（1）时空与联系。所有人共同生活在一定的时间与空间中，彼此之间存在联系。

（2）价值与幸福。任何人的存在都有价值，追寻幸福是人类共同的最高目标。

（3）个体与群体。每个人都是独一无二的个体，有独特个性，同时又通过家庭、社会团体、民族、国家、国际组织等不同方式组成群体，有不同的集体意识。

（4）文化与文明。不同的人群产生了不同的文化，积淀为不同的文明。不同文明之间的碰撞是竞争，不是冲突。文明因碰撞得以继续发展，文化因文明而多元共存。

（5）文艺与审美。文学、美术、音乐等一切文学艺术作品都是精神的产儿，让人类的精神生命超越时空而存在。

（6）历史与变迁。社会变迁是人类发展的必然，每个人都是历史的一部分。

（7）哲学与审辨。任何哲学都努力以最多纬度、最多侧面，试图完整地诠释世界，每个人都需要在审辨中寻找到自己在世界中的位置。

（8）地理与环境。不同的地理孕育出不同的文明，深刻又无形地影响着人们的思维，反过来催生出不同的生态环境。

（9）思维与表达。内在的思维可以通过语言、文字等不同形式的表达产生交流，促进理解，成为人与人之间沟通的桥梁。

（10）知识与践行。所有知识只有通过运用才能产生价值，对人文知识的践行，不仅可以产生新的知识，还可以对世界产生影响，让生活更幸福。

（11）传承与创造。人文领域的创造与其他领域的创造相结合，能让创造更适合人类需求，创造式的发展是最好的传承。

我们对人文学科大概念的研究与探索，还在继续进行。我们尝试在新人文教育之中，乃至在新艺术教育、新生命教育等课程的研发和实施的相关环节，都能提供一些简明清晰的参照方向，更利于我们在行动中落实。

新人文的教师成长

我们一直强调，讲台前的人，最终决定了教育的品质。其实，具体而言，在信息时代，讲台前的人更多决定着人文教育的品质。到了信息时代，所有的知识，无论科学知识还是人文知识，都可以通过更多手段、更多方式，进行传播与学习。只有人文教育之中的人文精神，必须通过人与人之间的互动、心与心之间的碰撞、学习氛围的营造、不同环境的濡染，最终实现人文知识的内化，才会在实践之后，提升并凝聚为自己具备的人文精神。

而且，我们必须意识到，在信息时代，正是因为教师和学生之间产生了这样的互动与交流，才让教师在教育过程之中有了更多的幸福感。

从某种意义上说，正因为对学生实施了新人文教育，教师才可以从日复一日的教学之中找到自己存在的意义，得到幸福感。这是因为，任何学科知识的学习，其最高境界都是通过对人文性的挖掘，体现出育人的功能。这种教师和学生在互动之中产生的幸福感，不再是对某个知识的传播，而在于不同的学生以不同的方式，从不同的侧面，对这一知识点进行汲取、消化、运用、创造，从而呈现出不同的过程与特点。这正是教学之中随时随地千变万化、千人千面的景象。

只有这样，教师才会在年复一年重复不同知识的时候，在一次又一次重复中得到新的幸福：知识或许相同，因为人不相同，所以形成智识的模式也不相同。否则，一般的教师就真的只是纯粹的学科知识传播者。这时候，不仅学生对传播的知识感到乏味，教师会比学生更加厌倦。这也是教师极容易发生职业倦怠的根本原因之一。

无论实施新人文教育的教师，还是具备新人文精神、新人文素养的教师，他们在这个过程之中都一样践行着育人的使命。唯一不同的是，他们通过不同的学科知识，通过学科知识之中拥有的那些代表性人物，通过自身对于知识的来源的探索，对于知识去处的创造，以这样的方式和学生教学相长，最后实现共同成长。

同时，父母是儿童的第一任教师，在新人文教育上，比其他学科的教师更为重要，往往发挥着比教师更大的作用。

新人文的学习方式与评价方法

学习的本质到底是什么？有的人说这是一个自我建构的过程，也有人说这是一个不断教化的过程。其实，不必去钻研那些教育研究理论，只需要对我们身边的人的成长做简单的思考和分类，就可以清晰地发现两者是相辅相成的。

一方面，学习的确是自我建构的过程，是由内而外发生的。一个人只有在心灵深处迸发出热情，才能如同火焰一般，把知识化为灰烬，成为心灵的肥料，实现自身的茁壮与成长。

另一方面，我们不得不承认：自身资质、人生起点类似的人，在个性、努力都相似的情况下，一旦有了截然不同的际遇，身处迥然相异的环境，最后出现的结果，不仅仅是外在人生际遇不同，个体内在素养也会非常不同。这，也是一种学习。这是环境对人的改变，这种由外而内的环境濡染，和一个人由内而外的自我建构一样，同样都会成为生命之中不可抹去的印记。

从这个意义而言，之所以新教育强调让师生过一种幸福完整的教育生活，之所以新教育在任何时候都特别注意把师生视为一个共同体，之所以新教育以教师的成长为起点，就是因为教师本身就是学生的成长小环境。尤其对于未成年人来说，教师的影响和改变就显得尤为重要。之所以我们特别强调家校共育，不仅仅因为信息时代让学习更多发生在校外，更为根本的原因是我们对于学习本质的理解。我们认为一个人的学习，必然是自我建构与外在环境相互作用的过程。

我们注重外在环境对学习的影响，却从不把任何一个人置身于环境之外。恰恰相反，正是因为我们认识到外在环境的力量，并且主动将自己视为环境的一部分，把自己视为改变他人成长的小环境，从而更主动积极地担负起教育的责任。出于这种责任感，我们倡导每个人的学习，不仅是自身的成长，也要以自己的力量去积极改善环境。如此，以个体成长带动群体改变，以教师、学生共同形成的环境促进家庭环境的改变，以一个又一个家庭的改变促使社会文明程度提高，这就是新人文教育的目标。

自主、合作、探究的学习方式，已经是当下的学习主流。新人文教育在运用的过程中，则进一步丰富其内容：独立思考，自主合作，探究创造。

我们认为，自主、合作、探究，必须建立在独立思考的前提之下。缺少独立思考，自主也不过是对他人意见的重复，合作探究更无意义，不仅容易走向形式主义，而且会沦为应试教育的帮凶。

究其原因，无论传统教学提供的学习内容和考核方法，还是工业时代背景下以科学教育手段实施人文教育的谬误，无一不让我们的教学倾向于对标准答案的探索。千人必须一面的标准答案，最大的恶果是扼杀了一个人独立思考的能力。这种扼杀，从家庭教育强调孩子听话开始，潜移默化，绵延至学校教育，已成为集体无意识的选择。在这样的背景下，学习中的自主往往是主动对他人的模仿，学习中的探究往往只是形式上向问题前进，学习中的合作则往往变成一个人牵着甚至代替其他人向前奔跑。这是通常最容易出现的问题。

我们特别强调，在自主合作探究的学习过程中，首先要秉承独立思考的原则，旨在强化包括老师在内的所有人，能够尊重个性化的哪怕是错误的认识，能够产生个性化的哪怕是错误的思考，从而让合作不是唯唯诺诺地附和，而是讨论、交流，甚至激烈辩论。在正确与充分的自我表达之下达成的认识，才是我们需要掌握，也真正应该掌握的知识。此时的合作才真正成为合作。

无论对教材的争鸣，还是对补充阅读的整本书的讨论，我们都遵循"独立思考，探究合作"的原则。正因为秉承这一原则，所以最终达成的共识，并不是千人一面的一种声音，而是在不同侧面、不同角色之下，由不同理解最后汇聚而成的动人合唱。无数案例已经证明，在独立思考的前提下，通过自主合作，能让探究与创造合而为一，让学习成为师生幸福感的源泉。

所谓评价，从大的角度而言，其本身就是一种环境。当我们学习的一切得到点评和指导，这本身既会促使我们对之前所学的知识进行反思，也会引领我们接下去将要进行的学习活动。为推进学习评价的变革，新教育实验特别成立了新评价与考试研究所。

我们旗帜鲜明地认为，教育体系中的考试与评价，与社会生活里的考试与评价截然不同。前者是为了激发潜力，帮助弱者，后者则是为了分辨能力，剔除弱者。在新人文教育的评价之中，我们希望每个老师都能够通过科学评价，一方面反思自己在教育工作之中存在的优势与局限，另一方面能够更清晰地结合不同学生的生命特质，从而做到因材施教，不再走入"十个手指一般齐"的误区，既发挥学生特长，又让短板不至于成为根本的破漏，影响学生整体发展。

评价是发生在学习过程中的一个重要环节。在新人文教育中，评价更多是以自我反思的方式进行的，更多发生在日常学习过程之中。师生自我反思性的评价，促使学习更好地开展、每个人更好地成长，而且在评价中的交流，也会成为学习中高质量的专业交往，缔造亲密的人际关系，让学习超越一般意义上的学习，成为生活本身让人满怀幸福感的组成部分。

新人文的自由审辨与完整超越

自由是人类自古以来追求的理想目标，因为追求自由是人类的天性。毫无疑问，新人文教育也是追求自由的教育。

这里所说的自由，当然不是为所欲为。马克思说："自由就是从事一切对别人没有害处的活动的权利。每个人所能进行的对别人没有害处的活动的界限是由法律规定的，正像地界是由界标确定的一样。"法国启蒙思想家孟德斯鸠也说过："自由是做法律所许可的一切事情的权利，如果一个公民能够做法律所禁止的事情，他就不再有自由了，因为其他的人也同样有这个权利。"因此，人文精神蕴含的自由，是理性的自由。

自由是我们在生活之中特别渴望的目标。新人文教育和生活密切相关，在我们的新人文教育之中，也特别强调让每个人得到自由，能够充分展示自己的个性。在教育实践中，理性的自由表现为师生对心灵自由的尊重。

尊重学生心灵的自由，教师自己就必须是一个心灵自由的人。马克思的战友威廉·李卜克内西曾这样评价马克思："他是一个彻底正直的人，除崇拜真理之外不知道还要崇拜别的，他可以毫不犹豫地抛弃辛辛苦苦得到的他所珍爱的理论，只要他确认这些理论是错误的。"教师也应拥有这样一种追求真理、崇尚科学、独立思考的人文精神。我们实在无法设想，一个迷信教材、迷信教学参考书、迷信高考题的教师会培养出富有创造精神的一代新人。教师的心灵自由，取决于教师宽阔的人文视野。我们应该博览群书，站在人类文化成果的高峰俯瞰我们的每节语文课；我们应该开放心灵，拥抱古今中外的大师。心灵自由的教师必然具有海纳百川的民主胸襟，这首先意味着对学生的精神世界的信任和尊重，特别是要善待学生的精神个性。只有教师民主的阳光，才能照亮学生心灵的原野。

尊重学生心灵的自由，就要帮助学生破除对教师的迷信、对名家的迷信、对"权威"的迷信和对"多数人"的迷信。我们应该明确地告诉学生：世界上不存在万能的圣人；老师也好，名家也好，权威也好，都不可能句句是真理；我们所学的课文，即使是千古名篇，也不可能绝对完美无瑕；虚心听取别人的意见是应该的，但这些"意见"

只能供我们独立思考时参考，而对某个问题的认识，对某篇文章的看法，我们只能忠实于自己的心灵，不能盲目从众，绝不能用别人的思想代替自己的思想。

同时，我们认为，自由表现出来的是一种积极的审辨性思维。现在，我们要么强调批判性思维，要么强调汲取。我们认为，一味强调批判式思维并不可取，因为无论在现实还是理论中，挑错总是容易的；我们同样反对一味听从，因为这与我们推崇的自由精神、独立思考截然相反。一味听从的模式，哪怕是实施了正确内容的人文教育，也只是一种应声虫式的人文教育，是没有根的浮萍，经不起风浪。

我们强调审辨性思维，则是结合两者的一种思维。在思考过程之中，一方面汲取精华，把已存在的事物的合理性，进行详细的分析，从中汲取养分；另一方面反思不足，对任何哪怕再精心包装的合理化事物，在辨析之后予以摈弃。这样的思维模式，能够迅速达成理性的自由，这才是我们期待的自由。

当我们通过审辨性思维达成理性的自由之后，就必然抵达完整超越的阶段。

有人认为，自由的本质在于人的内在超越性：人对物的超越和"我"对"非我"的超越。前一个超越表明人对摆脱物的奴役和压迫的追求，后一个超越表明人力图摆脱群体、社会、共性对个人、我、个性的压迫和奴役。自由观念的产生过程正是人一步步实现超越的过程，其标志是自我意识、主体意识的产生。

我们提出"完整超越"，指的是我们每个人面向完整的自己，不断自我挑战。一方面，我们要相信自己就是最好的自己，要肯定自己的特点，发挥自己的特色；另一方面，要以完整的自己为目标，把完整的自己定义为更好的自己，通过不断自我挑战而超越自我。

因为人不可能完美，所以在任何阶段每个人都可以继续成长，自然而然也就可以成为更好的自己。这不是对完美的苛求，而是对人的完整性的追求。这样的自我追求就意味着追求完整而实现了超越，是一种终身学习、不断进取的生命状态，也是一种可以像海绵一般接受新人文教育的最佳状态。

无论大人、孩子，无论老师、父母、学生，通过自我审辨和完整超越，都能够成为新人文教育的受益者。

新人文教育，始终关心当下的文化创造。如果说人文研究是对过去文化的总结，那么当下的文化创造不仅仅意味着对当下生活的丰富，还能够对未来产生积累，甚至出现蝴蝶效应，通过一点而撼动世界。

人文就像一条河流。在这条河流之中，每个人都是一滴水，都可以溅起或大或小的浪花。正是这一朵朵浪花不断涌现，才把人文之河打扮得如此绚丽多姿。

我们特别注重在人文之中的当下性和创造性，这正是出于我们对于人的价值本身的尊重。我们相信每个生命的存在都是有价值的，我们认为每个生命都在书写自己的故事，我们倡导每个生命都能够成为一个跌宕起伏的传奇，我们更希望每个生命都能够穿越时空，在肉体消亡之后，仍然以精神的方式得以延续。

这就是借由每个人的创造，让每个生命都可能实现自我价值。所谓文化，最终是由这样一个又一个生命不断创造，彼此激发，不断淘汰和遴选，积土成山，积水成渊，最终形成人类在精神领域的一片广袤的星空。

而新人文教育，肩负着时代的使命：在教育中，彰显个性，保护尊严，无限相信师生成长的可能性。新人文教育，要为每位学生提供激发潜能的多样化课程，为每位老师和父母提供适合需求的个性化成长路径，通过幸福完整的教育生活，帮助学习共同体中的每个人成为更好的自己。

最终，新人文教育之火，会让每颗心灵熊熊燃烧！心为火种，生生不息。新人文教育，最终将让每个人成为群星中的一颗，那才是生命的璀璨、教育的辉煌！

十七　教育创造未来

教育的未来，就是人类的未来。

因为，虽然教育并非无所不能，但却是人类唯一能够对自己做的事。从某种意义上说，正是因为教育对人类文明一代代传承，才让人类从洞穴里一步步走出来，走到了今天的星空之下。

教育注定永远朝向未来。

教育是对此前成功经验的总结，永远立足于今天，其目标却是为创造美好的明天。

教育必须引领人们开创未来。

复杂的人性，经由漫长的历史孵化，经由冷漠的自然打磨，才累积出今天的世界。美好未来，绝不会从天上掉下来，只能来自我们的双手。

农耕时代、工业时代、信息时代——时代大潮汹涌。不同的时代，有不同的特征，对人们有不同的要求。不同时代呼唤不同的教育，因此，教育必须因时代而变。

不幸的是，相比时代更迭，人类的寿命过于短暂，以至于大多数人常常看不见变迁，而是习惯于当下，把有待继续改进的现实，视为与生俱来的不完美。所以，当我们在畅想未来时，与其说我们在畅想未来，不如说在借助未来反观当下、审视现在，从而寻找一条通往未来的路径。

毫无疑问，信息时代将带来教育形式的诸多改变。无论网络授课日益蓬勃导致课堂改变，还是知识传播的路径不同导致师生关系改变，乃至学校作为教育的一个重要载体改变，都将深刻影响教育的发展。

但是，更重要的，也是更为本质的改变，或许是工业时代和信息时代的不同，导致时代对人的要求改变。这种改变，又恰恰呼应人类在发展进程中，对自身价值认可的改变。这两种力量汇聚，激荡着生成一股洪流。

工业时代，为提高效率，强调大规模生产，强调集体行动，强调整齐划一。我们当下开展的教育，无一不是根据这种要求进行的。

信息时代，特点就是优点。在这个时代中，拥有丰富的知识，不再是人一生中足以依靠的优势；知识的运用乃至创造，才是生命最可贵的标签。于是，强调个体，强调个性，强调创造性思维等，都成为信息时代的呼唤。

从人类成长来说，从农耕时代更认可秩序、层级的高度集权，发展到工业时代的稳定生活，人们乐于成为螺丝钉，成为平等的部件，共同构建集体，又发展到信息时代，人们日复一日地反思，叩问人性，不断粉碎已有的规则，制定新的标准：男女平权，同性之爱，发现儿童……

未来只是设想，意味着未来有无穷可能。如果说农耕时代是神佑众人，工业时代是上帝已死，那么，乐观地说，信息时代或许意味着人之重生。

如今，与其说"人人谈教育"，不如说"人人怨教育"。在负担越减越重的困局中，父母怨教师，教师怨学校，学校怨政府……形成一个怪圈。

或许，我们应该把"人人谈教育"，改为"人人论教育"，应该把对教育如盲人摸象般随意、冲动、零碎的讨伐，变为一场严谨认真的全民教育讨论——同怀理想热望，但又基于现实；不乏个体经验的澎湃情感，但又在基本教育常识框架之内。

以父母对孩子的爱为出发点，努力吸引所有人投入对教育的探索。以父母的成长为起点，在父母自身的生命觉醒中，发现教育的使命。以兼收并蓄之诚心，打开家门做教育，以行动真切地推进教育——朝向幸福。

其实，如今有一句话，已经常常被成人挂在嘴边，那就是"现在的孩子，真幸福"。无论物质上的衣食住行，还是精神上的琴棋书画，大到国，小到家，的确都在用丰裕富足的生活，迎接儿童降临。可是，成人常常忽视幸福是一种主观感受。儿童自己，他们感受到幸福了吗？

没有调查就没有发言权。相关机构针对4~13岁6887名儿童进行了一次"中国儿童幸福感调查"，发现了许多没想到的现象。

城市儿童的幸福感明显高于城镇儿童、农村儿童，而且，从幼儿园到小学，这种幸福感的差距越来越大。

调查分为家庭关系、师生关系、同伴关系、学习生活四个指标。在家庭、师生、学习三项上，小学生的幸福感都呈现下降趋势。其中，家庭关系的幸福感是稳中有降，其他两项均为明显下降。

简单说，越是偏僻地区的儿童，越不幸福；年龄越大的儿童，越不幸福。

考虑到中国是发展中国家，城镇化进程到 2016 年达到了 57.35%，考虑到国际定义的儿童是 0~18 岁的未成年人，我们可以推测：大部分中国儿童，并不像成人想象的那么幸福，尤其是 13~18 岁的儿童，他们的幸福感更低。

不过，在儿童问题上，有调查未必就真正有了发言权。面对科学权威的调查结论，仍然会有无数成人祭出"我都是为了你好"这一法宝。这样的人会众口一词：吃得苦中苦，方为人上人；现在不够幸福，是为将来能够幸福。就连名校教授，都言之凿凿："我们小时候也有不少作业，还吃不饱饭，有时候还被老师揍两下，骂两句。凭什么教育是快乐的？我实在想不通，教育怎么一定是快乐的？""应试是最基本的素质。"这样的言论，照样应者云集。这些人的初衷不应该被怀疑，他们一样用心良苦，也一样是为儿童的幸福着想。

或许，我们在今天讨论儿童的幸福，还为时尚早。无论城市儿童被过多关爱填充得无法喘息的时空，还是留守儿童对父母从思念到漠然的双眼，有太多更为根本的问题还没有来得及解决。在现实世界里，人们只是刚刚开始认识到"女人是人"，要想人们真正认识到"儿童是人"，还需要更加漫长的努力。

但是，为儿童的幸福，我们别无选择。

儿童是人，是独立的生命。儿童不是成人的附属品，童年不是人生的预备期。儿童的幸福并不亚于成人的幸福。儿童的人生，和成人一样处于现在进行时。

儿童的幸福，是功利属性最微弱的一种精神活动，直指心灵，关乎本质。所以，儿童会从一把泥土、一根铁丝中得到很大的趣味和幸福。

儿童的幸福，是描绘人生最纯净而温暖的底色。底色就是主色。在积极明净的底色上，有再多黑暗，也只是暂时的蒙蔽。所以，幸福的儿童就是父母为自己创造的天使。真正的幸福，必然滋生幸福；也只有真正的幸福，才能滋生幸福。

归根结底，儿童的幸福就是成人明天的幸福，就是世界未来的幸福。所以，明天的幸福，必然由创造而来。我们呼吁，不是呼吁人们给予儿童幸福，而是呼吁人们积极协助儿童，使他们拥有创造幸福的能力。儿童一旦有了对幸福的向往，有了创造幸福的能力，就必然拥有幸福的人生。

我们如此将儿童视为神灵一般，不仅因为儿童是我们生命的延续，同时因为儿童就是未来。

"仓廪实而知礼节，衣食足而知荣辱。"从物质丰富到精神丰盈，这是人类进程的必然选择。面向未来，从物质到精神，我们需要一次重生。

重生，自然首先意味着阵痛。信息时代，这样的改变，对习惯整体思维方式的中国人，是一个格外巨大的挑战。诸如"不患寡而患不均""出头的椽子先烂""枪打出头鸟"等传统观念，与新观念的碰撞会格外剧烈。

纵然如此，我们也并不悲观。我们只是更加谦逊、更加坚定地热议未来，更加严谨、更加勇猛地探索未来。

未来尚未到来，一切仍可期待。教育扎根于现实，朝向未来，致力于改变。如同父母孕育孩子一般，教育孕育未来。

我们深知，仅仅一时一地，纵有好的想法，在行动时也常会被掣肘。肉体的脆弱、生命的有限，往往催生出人类个体的急躁、群体的狭隘，在极端情况下，甚至会毁灭一群又一群、一代又一代人的精神生命。

可是，我们更应该坚信，正确的思想通过长期坚持，一定能成为多方共识。通过不断行动，将人们的共识成为行为习惯，理想最后就会变成现实。

如此，人类这艘大船，终将抵达光明的彼岸——那是我们以教育之名亲手创造的未来。

后记 **我没有绝望的资格**

我开始家庭教育研究，纯属偶然。

2011 年 11 月 23 日，我主动请缨，用稿费启动了新教育萤火虫亲子共读公益项目。本来只想在多年公益行动之余，再用两年多做一个项目而已。没想到，项目批准当天，就同时宣布成立亲子共读研究中心，我被挂上一个所谓的职务。其后，有伙伴辞去体制内的公职前来共事，为了给伙伴一个头衔，我又答应将研究中心更名为新父母研究所。

2012 年 11 月 24 日，我开始在微博上记录我对家庭教育的思考。因为长期专职从事文学创作，处于闲云野鹤的状态，社会经验非常匮乏、工作经验极度欠缺，又身陷事务之中无力抽身，记录没过多久就中断了。但是，恰恰因为处理一线的各种事务，我的思考一直在不断深入。

在许多人的支持下，尤其是在著名出版家、二十一世纪出版社社长张秋林先生的支持下，我启动了"新孩子"乡村阅读公益行活动，只身一人奔赴 100 所乡村学校开展免费讲座。在 100 场免费讲座现场，我见到偏僻农村或城乡接合部的近 8 万名父母；在 96 场座谈会的现场，我与其中数百人进行了面对面交流……

是的，问题多多，困难重重。

但是，我不能绝望。不是我坚强，只是因为，在那 8 万父母面前，我没有绝望的资格。

就这样一路走下来。在教育路上，原本我只想要一滴水，只想观赏这颗露珠，甚至没准备以这滴水折射我文学本职的光辉，没想到遭遇了一片汪洋。

在滴水与汪洋之间，当然会有落差。但是，既然我没有资格绝望，又置身汪洋，唯一应该做的是学会游泳。这本小书，算是学习游泳过程中溅出的第一朵浪花。

正如奥地利学者赖因哈德·西德尔所说："家庭不应当被理解为自己的世界，而应当被理解为一个社会的微观世界。在家庭这个微观世界中反映出了社会关系，人们在家庭中生息与工作，按当时社会的需要被社会化，并且对其后代进行社会化。在这个意义上，家庭历史是历史和社会发展基本过程的一面镜子。"接下去，我的研究与践行之路，还很漫长。

珍惜一路的因缘际会，感恩遇见的所有人。助我者让我不断成长，期待明天；伤我者让我学会反思，珍惜拥有。感恩遭遇的一切事。尤其是新教育实验，为我观察和研究中国教育，提供了一扇难得的窗口、一个可贵的样本。

什么叫言传身教？在言语无法企及之处，一次亲身经历就足够了。所以，我才一直说，我所做的任何好事，我就算做了再多好事，都不值得特别称道。是一路遇到了太多美好，才让我也想成为美好，因为我知道，只有走在追寻美好的路上，才会不断与美好的人相遇。

因此，也要感谢读者，有幸通过文字与你们相遇。人世如家，在时光中流变；世事如棋，总有纷扰纠缠。但是，人之所以为人，是因为人可以通过自由意志进行选择，我们可以选择成为棋子，那么就落子无悔，也可以选择成为萤火虫，点亮自身，飞翔在棋局之上——以此自勉，并与茫茫人海中的大家共勉。

同心同行，无怨无悔。

2017 年 6 月 13 日

新版后记 心的礼物

2020 年 4 月 23 日，世界读书日。在网络上举办的一场读书活动中，任勇老师推荐了三本书，其中之一就是《新父母孕育新世界》。

网友"齐秀江""故乡的海"先后给我发来相关信息，告知此事。网友告诉我，任勇老师是厦门市教育局局长。

我很开心。我想，这是一位爱读书的教育官员，必然能够造福一方。

从网络搜索得知，任勇老师是全国著名数学特级教师，是一位专著颇丰的作者，仅在"大夏书系"就出版有《觉者为师》《年轻教师必听的讲座》《数学教育的智慧与境界》《你能成为最好的数学教师》《年轻教师必听的讲座》等一系列著作。另外，他还是一位藏书家，家中有藏书万余册，办公室有数千册。

我特别开心。每次听说数学老师喜欢我的书，我都格外高兴，更何况这位数学老师杰出到如此程度！

同是网友的"大夏书系"总编李永梅老师立刻告诉我任勇老师的联系方式。

我没有联系。

既然任勇老师是因为这本书"联系"了我，我在这里用这本书的后记"联系"他，不是更有趣吗？

这本书，就是一份心的礼物，满心欢喜地送给任勇老师。

同时，这份心的礼物，要温柔而郑重地送给"齐秀江""故乡的海"和李永梅老师。平凡的生活，是因为人们的一言一行和一缕又一缕爱的光，变得温暖，变得明亮。

这本书的第二版，增加了"用科学点燃智识之火"和"人人皆为群星中的一颗"两章内容。

增加的这两章，和本书原有的艺术教育、生命教育、家校共育等内容一样，都是我作为新教育年度主报告研究团队的一员，在新教育实验发起人朱永新老师的带领下进行年度主题研究时，记录的个人观点中相对完整的部分。

没有新教育实验，也不会有这本书的诞生。所以，作为一份心的礼物，这本书要满怀感恩地送给朱老师，送给所有投身新教育的老师。

当然，这份心的礼物，必须送给本书新版的责任编辑潘炜博士。相识十六年，从出版我的童书到出版我的教育作品，我们的缘分真是妙不可言。

这一次读到这本书的，会有谁呢？在茫茫人海中，我们会发生怎样的"联系"呢？新的一切，真让人好奇呀……

新中国，新教育，新孩子，新世界：新父母孕育，新教师锻造。

毫无疑问，必然如此。

童喜喜主要创作年表

2003 年 5 月

完成长篇小说《爱乱了》，由中国电影出版社出版。

著名评论家、武汉大学博士生导师樊星评论："在'新生代'中，'生在红旗下，长在欲望中'的，大有人在，却不可能是全部。有许多出身贫寒的大学生、中学生还在社会底层为生存而拼命奋斗，这样的人比起已经过上'小资'生活的青年，应当不在少数。如何写出压力下的坚守、迷惘中的坚韧，也许是'新生代'文学的新突破口所在。《爱乱了》在这方面做出了积极的尝试，意义不可低估。"

2003 年 7 月至 2013 年 12 月

完成"嘭嘭嘭"新幻想系列，由春风文艺出版社、中国少年儿童出版社、北京联合出版有限公司（新经典文化股份有限公司）先后出版。该系列目前已出版《嘭嘭嘭》《再见零》《玻璃间》《小小它》《影之翼》《织梦人》《我找我》7 册。

该系列为童喜喜的童书代表作，适合小学中年级至初中的学生阅读，曾获冰心文学奖、国家新闻出版广电总局向全国青少年推荐百种优秀图书、全国优秀畅销书奖、团中央"五个一"工程奖、国家"三个一百"原创优秀作品奖等奖项，先后入选多种读书大赛必读书目，如 2004 年"亲近母语读写大赛"必读书目，第五届沪、港、澳与新加坡四地中学生读书征文活动必须参考书目等。

2004 年 4 月至 2009 年 7 月

完成"魔宙"系列图书，由古吴轩出版社、中国少年儿童出版社先后出版，已出版《因为有你》《彼岸初现》《流年行歌》3 册。

该系列为全景创世纪式奇幻小说，获全国优秀畅销书奖、思考乐最佳幻想奖。

2006 年 6 月至 2012 年 4 月

完成"百变王卡卡"系列，与李西西合著，由接力出版社、江苏少年儿童出版社先后出版，已出版《一朵花的森林》《甜甜的淘气老师》《吃掉铅笔来跳舞》《蒲公英飞过城市》《你找不到我》《幸福的秘密》《好听话大合唱》《雨天其实也有阳光》8 册。

荣获《中国教育报》"2018 年度致敬童书 20 强"称号，入选教育部"2019 年全国中小学图书馆（室）推荐书目"。

2008 年 9 月至 2017 年 3 月

完成"网侠龙天天"系列，由中国少年儿童出版社、二十一世纪出版社先后出版，已出版《给老师当老师》《班长打擂台》《王牌对手》《神秘的幸福基地》《天使在人间》《亲亲一家人》《小侠在行动》《明星奇遇记》8 册。

该系列为网络题材校园小说。书中首度提出"网商"概念（网络智商＋网络情商），由"IAP 中小学生综合素质能力竞赛""百度宝宝知道"以及诸多教育家、阅读推广人权威推荐，获《中国少年报》选拔试读会小读者票选第一名，入选北京阅读季"最受青少年喜爱图书 100 种"，获 2017 年度中国童书榜"父母特别推荐奖"。

2010 年 9 月

完成《我们的一年级》，由中国少年儿童出版社、北京联合出版有限公司（飓风社）先后出版。

入选著名特级教师张祖庆寒假推荐书单。

2011 年 5 月

完成《那些新教育的花儿》，由福建教育出版社出版。

该书为报告文学，记录了参加新教育实验的人们的诸多探索，从一个个具体人物的喜怒哀乐中，折射出中国教育的现状与人们的思考。

2014 年 6 月

完成《喜阅读出好孩子》，由湖北教育出版社出版。

教育类畅销书，系童喜喜自 2010 年开始历时 5 年阅读研究的心得，适合父母、教师阅读。先后入选《中国教育报》"教师喜爱的 100 种图书"、新东方家庭教育中心"父母阅读推荐书目 100 本"，获深圳图书馆年度读者借阅率最高总榜第 9 名、湘鄂赣专家联合推荐 30 种优秀图书、首届湖北网络读者"我最喜爱的 10 种图书"、《中国出版传媒商报》"家庭教育影响力图书"等荣誉。

2016 年 8 月至 2019 年 1 月

主编《新教育晨诵》系列图书（全套 26 册）、《让生命放声歌唱——新教育实验晨诵项目用书》，由安徽少年儿童出版社出版。

《新教育晨诵》系列从幼儿园至高中，每学期一册，为新教育实验的晨诵课程学生读本。童喜喜将稿费全部捐赠给了新教育实验公益项目。

荣获《中国教育报》2016 年度"教师喜爱的 100 本书"。

2017 年 9 月

完成《十八年新生》，由湖北教育出版社出版。

该书为教育散文，记录了童喜喜从写作者到教育公益人，从专职儿童文学作家到资深教育研究推广者，以及从 1999 年开始资助失学女童，在这 17 年中的教育心路历程和探索行动。

荣获《中国教育报》2017 年度"教师喜爱的 100 本书"。

2017 年 11 月

"童喜喜说写手账"系列图书，由电子工业出版社出版。

该系列图书为童喜喜独立研究 7 年，带领 20 多人的名师团队集体攻关编写，数易其稿而成的心血之作，适合小学中高年级至初中学生阅读。

以贴近生活的主题文章和电影，激发写作兴趣；以深入浅出的导读，引领全面思考；整套书提供 1008 个作文题目和提纲，能够有效提高学生作文能力，实现自我教育。

荣获《中国教育报》2017 年度"教师喜爱的 100 本书"。

2018 年 8 月

完成《智慧行动创造教育幸福——新教育实验十大行动理论与技巧》，由山西教育出版社出版。

该书为教育理论专著。从阅读、写作、讲座、口才、课堂、网络、习惯、教室、家庭等方面，对新教育实验的十大行动从定义、解析、推进技巧展开论述。从区域、学校、教师三大层面，为从事一线教学和教育研究的人员，总结提炼出 100 多个行动方法和操作技巧。

荣登当当网社会科学"新书热卖榜"教育类第 1 名，荣获《中国教育报》2018 年度"教师喜爱的 100 本书"。

2019 年 5 月

完成《萤火虫的故事》，由重庆出版社出版。

该书为童喜喜第一部童诗集，为中国知名童诗品牌图书"中国最美童诗"系列丛书之一。

2014 年 6 月至 2020 年 6 月

完成"新孩子"系列童书，由二十一世纪出版社、安徽少年儿童出版社先后出版。全套共 24 册。

"新孩子"系列童书开启了儿童教育文学先河，首创以文学提升核心素养的童书体系，结合耶鲁大学耗时 40 年的儿童心理研究成果，以中国新教育实验的真实优秀教育案例为原型，根据教育部推出的《中国学生发展核心素养》要求提炼出 24 个主题，每本书侧重一个主题，以螺旋上升的方式对核心素养持续细化、深化、内化、强化，并以世界独创的说写课程搭建从阅读到写作的桥梁，帮助孩子提升核心素养，养成说写习惯，汲取精神力量。

"新孩子"系列童书得到国际 IBBY-iRead 爱阅人物奖得主、国家全民阅读形象代言人朱永新，国际儿童读物联盟（IBBY）主席张明舟，国家图书馆少儿馆馆长王志庚，清华大学附属小学校长、全国著名语文特级教师窦桂梅，美国马萨诸塞大学波士顿分校教育领导学系主任、中国教育三十人论坛成员严文蕃教授，第一位美国高等学府教育学院华人院长、美国纽约曼哈顿维尔学院终身教授万毅平等诸多名家联袂推荐。

该系列荣获《中国教育报》2014年度"教师喜爱的100本书"之年度9部"儿童文学"作品之一、全民阅读年会50种重点推荐图书。